Découvrez des Jeux Gratuits en Ligne

Disponible Ici :

BestActivityBooks.com/FREEGAMES

5 ASTUCES POUR DÉMARRER !

1) COMMENT RÉSOUDRE LES MOTS MÊLÉS

Les puzzles sont dans un format classique :

- Les mots sont cachés sans espaces, tirets, ...
- Orientation : Les mots peuvent être écrits en avant, en arrière, vers le haut, vers le bas ou en diagonale (ils peuvent être inversés).
- Les mots peuvent se chevaucher ou se croiser.

2) UN APPRENTISSAGE ACTIF

Un espace est prévu à côté de chaque mots pour noter la traduction. Pour favoriser un apprentissage actif un **DICTIONNAIRE** à la fin de cette édition vous permettra de vérifier et étendre vos connaissances. Cherchez et notez les traductions, trouvez-les dans le Puzzle et ajoutez-les à votre vocabulaire !

3) MARQUEZ LES MOTS

Vous pouvez inventer votre propre système de marquage. Peut-être en utilisez-vous déjà un ? Sinon, vous pourriez, par exemple, marquer les mots qui ont été difficiles à trouver d'une croix, ceux que vous avez aimés d'une étoile, les mots nouveaux d'un triangle, les mots rares d'un diamant, etc...

4) STRUCTUREZ VOTRE APPRENTISSAGE

Cette édition vous offre un **CARNET DE NOTES** très pratique à la fin du livre. En vacances ou en voyage ou à la maison, vous pouvez facilement organiser vos nouvelles connaissances sans avoir besoin d'un second bloc-notes !

5) VOUS AVEZ FINI TOUTES LES GRILLES ?

Allez à la section bonus **CHALLENGE FINAL** pour trouver un jeu gratuit à la fin de cette édition !

Simple et Rapide ! Découvrez notre collection de livres d'activités pour votre prochain moment de détente et **d'apprentissage**, à juste un clic de distance !

Trouvez votre prochain défi sur :

BestActivityBooks.com/MonProchainLivre

À vos marques, prêts... Partez !

Saviez-vous qu'il existe environ 7 000 langues différentes dans le monde ? Les mots sont précieux.

Nous aimons les langues et avons travaillé dur pour créer les livres de la plus haute qualité pour vous. Nos ingrédients ?

Une sélection des thématiques d'apprentissage adaptée, trois belles parts de divertissement, puis nous ajoutons une cuillère de mots difficiles et une pincée de mots rares. Nous les servons avec soin et un maximum de plaisir pour vous permettre de résoudre les meilleurs jeux de mots mêlés qui soient et d'apprendre en vous amusant !

Votre avis est essentiel. Vous pouvez participer activement au succès de ce livre en nous laissant un commentaire. Nous aimerions vraiment savoir ce que vous avez préféré dans cette édition !

Voici un lien rapide qui vous mènera à la page d'évaluation de vos commandes :

BestBooksActivity.com/Avis50

Merci pour votre aide et amusez-vous bien !

De la part de toute l'équipe

1 - Été

```
C  U  R  I  M  S  I  P  Y  C  N  F  V  N
H  V  D  S  H  U  A  H  E  Z  D  R  E  H
X  F  Z  M  A  T  S  N  U  I  F  I  N  I
A  J  I  N  G  A  Q  I  D  T  I  T  N  C
V  B  Ø  K  E  R  Q  X  K  A  R  I  E  A
S  T  J  E  R  N  E  R  S  K  L  D  R  M
L  E  L  W  E  P  H  H  P  B  J  E  K  P
A  U  V  O  V  F  A  M  I  L  I  E  R  I
P  O  B  W  O  E  V  O  L  W  S  M  W  N
N  M  D  A  D  R  O  Q  L  N  T  H  N  G
I  D  Y  K  K  I  N  G  K  L  R  B  A  L
N  A  M  D  C  E  F  I  M  W  A  T  Q  E
G  Z  R  E  I  S  E  T  Z  B  N  N  X  D
G  G  Q  L  H  X  I  W  O  L  D  F  P  E
```

VENNER	HAV
CAMPING	MUSIKK
STJERNER	MAT
FAMILIE	STRAND
HAGE	DYKKING
SPILL	AVSLAPNING
GLEDE	SANDALER
BØKER	FERIE
FRITID	REISE

2 - Adjectifs #2

```
T S P B L D X S A E S S O C
S C R E K R A F T I G A S I
T R O S E A N L R V I L L N
O E D K L M S I B E R Ø M T
L N U R E A V U N V Q J U E
T J K I G T A A C F N Y N R
Ø J T V A I R Z K A A G Q E
R L I E N S L Z R Z T U T S
R Z V N T K I I E S U N N S
Y W C D K F G J A T R W J A
H A B E G A V E T E L S I N
R G K R Y P S G I R I M E T
E C D P G L L O V K G O A Y
A U T E N T I S K C N Q S O
```

AUTENTISK
BERØMT
KREATIV
BESKRIVENDE
BEGAVET
DRAMATISK
ELEGANT
STOLT
STERK
INTERESSANT

NATURLIG
NY
PRODUKTIV
KRAFTIG
REN
ANSVARLIG
SUNN
SALT
VILL
TØRR

3 - Exploration

```
B  S  O  P  P  D  R  A  G  O  F  S  A  O
G  E  T  E  R  R  E  N  G  D  A  P  K  B
H  G  S  R  O  M  U  Y  F  Y  R  R  T  L
M  N  F  L  K  Z  T  O  S  R  E  Å  I  J
V  T  J  H  U  D  M  O  N  M  F  K  V  A
I  Q  E  J  L  T  A  N  W  O  U  P  I  V
S  V  R  D  T  J  T  S  U  T  L  G  T  Q
O  A  N  Y  U  E  T  S  Q  T  L  Y  E  Q
V  D  T  O  R  W  E  A  O  U  R  G  T  F
C  S  F  Y  E  L  L  P  D  M  T  G  K  A
I  Q  I  V  R  J  S  V  N  P  H  G  R  R
R  E  I  S  E  B  E  I  H  D  Z  E  M  E
O  P  P  D  A  G  E  L  S  E  W  L  T  R
U  K  J  E  N  T  Q  L  Q  F  V  S  G  T
```

AKTIVITET	UKJENT
DYR	SPRÅK
MOT	FJERN
KULTURER	NY
FARER	FAREFULL
OPPDAGELSE	OPPDRAG
BESLUTTSOMHET	VILL
ROM	TERRENG
UTMATTELSE	REISE

4 - Formes

```
T R E K T A N G E L S K U B
W O L L G D Z O W F Y Q E R
L S R W L Q N F J G L O P K
T I M G W I P N V K I R R A
R R N R E Q P S Y U N U I N
E K D J B T O S C R D Q S T
K E B U E I L F E V E P M E
A L C I K T Y Æ K E R Y E R
N P U O J K G R H J Ø R N E
T S G Q E K O E F O V A L C
F L E F G U N J U J N M L H
W K T I L B I Q P D V I I O
S I D E E E I H B P G D S M
C H Y P E R B O L A Y E U F
```

BUE
KANTER
TORGET
SIRKEL
HJØRNE
KURVE
KJEGLE
SIDE
KUBE
SYLINDER

ELLIPSE
HYPERBOLA
LINJE
OVAL
POLYGON
PRISME
PYRAMIDE
REKTANGEL
SFÆRE
TREKANT

5 - Adjectifs #1

```
J  P  P  K  M  L  A  V  Q  S  A  A  Æ  M
Q  Y  E  U  O  O  K  A  T  J  T  R  R  I
M  Y  R  N  R  I  T  K  U  E  T  O  L  D
E  Q  F  S  A  V  I  K  N  N  R  M  I  E
Y  Z  E  T  E  B  V  E  G  E  A  A  G  N
A  M  K  N  J  N  S  R  O  R  K  T  U  T
L  M  T  E  E  T  O  O  B  Ø  T  I  N  I
A  G  B  R  Z  W  A  R  L  S  I  S  G  S
N  X  V  I  K  T  I  G  M  U  V  K  W  K
G  E  F  S  S  G  J  N  P  E  T  Y  N  N
S  P  V  K  O  I  K  P  K  E  C  T  Y  F
O  D  D  W  U  G  Ø  M  O  D  E  R  N  E
M  C  Y  T  I  E  K  S  O  T  I  S  K  V
U  S  K  Y  L  D  I  G  Z  R  P  Q  Y  Y
```

ABSOLUTT
AKTIV
AMBISIØS
AROMATISK
KUNSTNERISK
ATTRAKTIV
VAKKER
EKSOTISK
ENORM
SJENERØS

ÆRLIG
IDENTISK
VIKTIG
USKYLDIG
UNG
LANGSOM
TUNG
TYNN
MODERNE
PERFEKT

6 - Instruments de Musique

```
Z  O  H  G  B  H  P  U  F  D  N  L  U  P
S  Z  A  I  O  D  C  J  V  L  K  W  U  I
M  N  R  T  X  N  M  Y  T  E  Ø  O  Z  A
A  N  P  A  C  R  G  B  I  A  K  Y  Q  N
N  P  E  R  K  U  S  J  O  N  B  M  T  O
D  S  A  K  S  O  F  O  N  N  K  U  R  E
O  T  W  Q  T  A  M  B  U  R  I  N  O  M
L  F  R  Y  N  N  E  O  D  K  I  N  M  A
I  A  X  O  F  I  O  L  I  N  B  S  M  R
N  G  E  O  M  B  A  N  J  O  P  P  E  I
B  O  L  D  B  B  C  E  L  L  O  I  Q  M
F  T  M  L  Y  I  O  T  E  K  R  L  Z  B
H  T  K  L  A  R  I  N  E  T  T  L  N  A
T  R  O  M  P  E  T  I  E  J  W  W  X  S
```

BANJO
FAGOTT
KLARINETT
FLØYTE
GONG
GITAR
MUNNSPILL
HARPE
OBO
MANDOLIN

MARIMBA
PERKUSJON
PIANO
SAKSOFON
TROMME
TAMBURIN
TROMBONE
TROMPET
FIOLIN
CELLO

7 - Échecs

```
K Y Q Z A E A W S D A Z V C
O O M E S T E R T R P Q T J
N K N P O E N G R O E L R P
G D F K Y U U S A N P I C D
E R X E U S G H T N C T U I
S Y F D Y R K E E I S T Q A
P V O F E E R P G N Y S F G
I T A F Z G F A I G W P E O
L I E R F L A S N H V I T N
L D V C T E L S O S Q L U A
H C A J R R R I F S E L Z L
R J Q J O S L V E B O E O Z
U T F O R D R I N G E R R Y
M O T S T A N D E R W L F V
```

MOTSTANDER
HVIT
MESTER
KONKURRANSE
UTFORDRINGER
DIAGONAL
SPILL
SPILLER
SVART

PASSIV
POENG
DRONNING
REGLER
KONGE
OFFER
STRATEGI
TID

8 - Herboristerie

```
N M B P L A V E N D E L M K
I A A A E H D E Y M J V Y U
F R F R S R Z C V N Z I N L
E J B G O I S A K O P R T I
N O L X W M L I X Q O O E N
N R O R O T A I L M S S Y A
I A M E L S W T K L K M H R
K M S A F R A N I U E A V I
E S T R A G O N T S M R I S
L M G U N S T I G J K I T K
H A G E P P T I M I A N L G
T K V A L I T E T D F L Ø X
I N G R E D I E N S V K K Y
O G R Ø N N T T Z M R V F B
```

HVITLØK	LAVENDEL
AROMATISK	MARJORAM
BASILIKUM	MYNTE
GUNSTIG	PERSILLE
KULINARISK	KVALITET
ESTRAGON	ROSMARIN
FENNIKEL	SAFRAN
BLOMST	SMAK
INGREDIENS	TIMIAN
HAGE	GRØNN

9 - Véhicules

```
T  S  E  Y  M  F  R  L  L  F  N  Z  E  D
R  H  Q  K  O  W  L  Z  J  B  E  T  S  E
A  V  E  M  T  X  A  Å  M  R  Z  R  Z  E
K  D  A  D  O  I  T  X  T  A  X  I  J  S
T  V  I  R  R  S  Y  K  K  E  L  B  P  E
O  H  E  L  I  K  O  P  T  E  R  A  B  Y
R  I  L  Y  L  A  G  F  L  Y  J  M  D  U
R  K  L  A  S  T  E  B  I  L  Y  B  Å  T
C  A  M  P  I  N  G  V  O  G  N  U  N  Z
X  R  K  D  S  C  O  O  T  E  R  L  N  V
G  A  W  E  T  O  G  B  I  L  A  A  H  N
Z  Q  A  K  T  E  D  Z  T  D  Y  N  D  R
J  N  H  K  Y  T  Z  D  R  B  U  S  S  A
M  H  P  U  W  B  O  U  M  M  P  E  O  Y
```

AMBULANSE	MOTOR
FLY	DEKK
BÅT	FLÅTE
BUSS	SCOOTER
LASTEBIL	TAXI
CAMPINGVOGN	TRAKTOR
FERJE	TOG
RAKETT	SYKKEL
HELIKOPTER	BIL

10 - Camping

```
E  S  Q  M  N  H  V  H  J  G  Y  X  K  O
E  V  V  K  D  K  J  A  E  N  B  R  A  S
O  F  E  I  H  Y  T  T  E  P  R  T  N  T
V  E  V  N  K  A  R  T  A  U  A  R  O  C
M  Q  F  M  T  N  A  T  U  R  N  V  U  L
A  Å  N  A  R  Y  D  E  M  U  N  W  B  X
G  B  N  A  Æ  A  R  L  G  T  E  U  W  I
F  K  W  E  R  U  W  T  C  S  K  O  G  G
J  A  F  E  N  B  Y  F  X  T  X  P  V  E
E  W  H  E  N  G  E  K  Ø  Y  E  G  K  G
L  I  N  N  S  J  Ø  F  H  R  G  O  G  V
L  E  U  E  H  A  I  N  S  E  K  T  X  H
E  V  A  L  U  K  K  O  M  P  A  S  S  W
A  X  T  F  W  T  T  Y  U  T  B  C  A  J
```

DYR	UTSTYR
TRÆR	BRANN
EVENTYR	SKOG
KOMPASS	HENGEKØYE
HYTTE	INSEKT
KANO	INNSJØ
KART	MÅNE
HATT	FJELL
JAKT	NATUR
TAU	TELT

11 - Conservation

```
G  N  I  S  Y  K  L  U  S  P  D  F  M  G
R  W  F  M  H  E  L  S  E  I  V  O  I  H
Q  Q  D  S  A  I  E  I  X  I  B  R  L  A
K  B  Z  E  B  Z  H  B  M  E  Æ  U  J  D
E  N  D  R  I  N  G  E  R  A  R  R  Ø  N
V  Y  W  H  T  G  R  Ø  N  N  E  E  K  A
N  A  G  L  A  Y  G  H  W  M  K  N  O  T
I  W  N  P  T  J  M  R  Q  S  R  S  S  U
U  E  F  N  V  R  G  M  H  N  A  I  Y  R
O  R  G  A  N  I  S  K  P  R  F  N  S  L
W  R  E  D  U  S  E  R  E  P  T  G  T  I
U  T  D  A  N  N  I  N  G  N  I  J  E  G
M  E  F  R  I  V  I  L  L  I  G  W  M  D
R  E  S  I  R  K  U  L  E  R  E  R  Q  O
```

FRIVILLIG	HABITAT
ENDRINGER	NATURLIG
KLIMA	ORGANISK
SYKLUS	FORURENSING
BÆREKRAFTIG	RESIRKULERE
VANN	REDUSERE
MILJØ	HELSE
ØKOSYSTEM	GRØNN
UTDANNING	

12 - Écologie

```
C  F  F  R  E  S  S  U  R  S  E  R  F  T
X  R  J  R  U  E  A  K  T  K  O  H  L  N
I  I  E  B  G  Q  W  M  L  I  J  T  O  H
G  V  L  S  B  D  U  B  F  I  V  Y  R  A
Y  I  L  D  M  Y  R  Æ  F  U  M  M  A  B
G  L  O  B  A  L  K  R  A  M  N  A  X  I
T  L  F  I  L  G  M  E  U  A  A  N  Q  T
Q  I  W  O  R  N  D  K  N  R  T  G  M  A
M  G  D  K  U  K  M  R  A  I  U  F  E  T
F  E  S  I  R  N  S  A  S  N  R  O  I  M
Z  G  S  W  Y  N  A  F  J  E  L  L  A  A
A  F  T  P  L  A  N  T  E  R  I  D  C  Y
G  W  V  V  E  H  B  I  U  J  G  K  H  J
T  Ø  R  K  E  O  H  G  A  R  W  A  R  T
```

FRIVILLIGE	HABITAT
KLIMA	MYR
SAMFUNN	MARINE
MANGFOLD	FJELL
BÆREKRAFTIG	NATUR
ART	NATURLIG
FAUNA	PLANTER
FLORA	RESSURSER
GLOBAL	TØRKE

13 - Astronomie

```
S  T  R  Å  L  I  N  G  A  Q  P  W  U  K
P  U  A  S  T  E  R  O  I  D  E  H  Q  O
S  Z  P  L  A  N  E  T  H  A  A  Z  R  N
N  X  P  E  L  G  Y  G  L  M  J  A  O  S
B  A  S  T  R  O  N  A  U  T  Å  G  L  T
S  T  J  E  R  N  E  T  Å  K  E  N  F  E
A  S  G  O  R  J  O  R  D  C  B  H  E  L
E  S  H  M  Y  Q  E  V  E  Z  K  N  B  L
Q  S  T  D  B  N  U  G  A  L  A  X  Y  A
U  O  C  R  K  O  S  M  O  S  D  F  T  S
I  L  L  C  O  H  I  M  M  E  L  S  Z  J
N  A  A  L  K  N  C  M  E  T  E  O  R  O
O  R  W  N  T  P  O  R  A  K  E  T  T  N
X  S  B  J  Q  R  K  M  J  D  L  V  O  O
```

ASTEROIDE	MÅNE
ASTRONAUT	METEOR
ASTRONOM	STJERNETÅKE
HIMMEL	PLANET
KONSTELLASJON	STRÅLING
KOSMOS	SOLAR
EQUINOX	SUPERNOVA
RAKETT	JORD
GALAXY	

14 - Types de Cheveux

```
G  R  T  R  B  L  O  N  D  Q  F  C  M  T
R  S  F  T  M  T  A  B  Ø  L  G  E  T  E
Å  K  T  V  W  Y  Ø  N  E  H  H  Z  C  S
F  A  R  G  E  T  K  R  G  V  B  J  X  K
L  L  X  J  W  Y  R  L  R  I  R  K  P  I
E  L  J  Q  Y  N  Ø  H  Y  T  U  O  Z  N
T  E  C  Y  Z  N  L  K  P  W  N  R  X  N
T  T  T  Y  K  K  L  K  N  Q  Z  T  Z  E
E  K  A  W  U  Y  E  Q  K  X  Y  P  T  N
T  C  K  H  H  T  R  T  S  U  N  N  U  D
R  J  C  B  Q  S  Ø  L  V  M  C  Z  Q  E
D  K  V  R  A  W  Y  X  A  F  N  A  A  Z
R  Z  T  X  O  B  W  Y  R  H  J  W  L  G
K  R  Ø  L  L  E  T  I  T  O  G  V  B  D
```

SØLV	KRØLLET
HVIT	GRÅ
BLOND	LANG
KRØLLER	BRUN
SKINNENDE	TYNN
SKALLET	SVART
FARGET	BØLGETE
KORT	SUNN
MYK	TØRR
TYKK	FLETTET

15 - Restaurant #1

```
T  A  L  L  E  R  K  E  N  N  K  K  U  M
Z  R  D  E  S  S  E  R  T  D  J  J  K  W
W  P  E  V  A  Z  V  W  M  E  Ø  Ø  Z  C
D  K  A  S  S  E  R  E  R  D  K  T  E  S
L  B  D  E  E  E  G  Y  Q  B  K  T  R  Y
Z  A  D  R  M  R  X  Y  D  R  E  S  C  F
N  Q  A  V  K  G  V  Y  D  Ø  N  Y  U  P
K  T  K  I  A  A  M  A  T  D  K  N  I  V
G  J  I  E  L  G  F  M  S  A  U  S  B  I
T  Q  P  T  K  B  X  F  L  J  B  G  N  R
B  C  Z  T  Q  B  O  L  E  M  O  B  O  F
K  Y  L  L  I  N  G  L  K  S  G  N  U  X
K  R  Y  D  R  E  T  A  L  L  E  R  G  I
S  E  R  V  I  T  Ø  R  W  E  M  E  N  Y
```

ALLERGI	MENY
TALLERKEN	MAT
BOLLE	BRØD
KAFFE	KYLLING
KASSERER	RESERVASJON
KNIV	SAUS
KJØKKEN	SERVITØR
DESSERT	SERVIETT
KRYDRET	KJØTT

16 - Mammifères

```
E  P  I  X  B  T  N  L  U  H  R  C  P  Q
H  P  R  S  J  B  I  L  N  F  M  N  F  Q
W  Q  W  Æ  Ø  Y  D  G  O  R  I  L  L  A
T  H  W  B  R  T  E  D  E  L  F  I  N  P
K  A  T  T  N  I  T  L  J  R  X  N  H  E
K  T  H  L  G  S  E  B  R  A  T  K  L  L
H  V  A  L  R  W  A  U  A  Z  H  E  Ø  E
B  H  W  U  E  T  F  U  L  V  E  N  V  F
R  P  V  A  V  G  Y  E  N  V  S  G  E  A
S  J  I  R  A  F  F  W  C  B  T  U  J  N
O  K  S  E  C  C  Z  Q  U  W  T  R  E  T
C  I  E  F  J  W  Y  F  R  A  A  U  X  W
F  B  M  F  X  Z  B  Y  H  U  N  D  U  H
N  O  P  O  J  W  J  K  A  N  I  N  U  W
```

HVAL	KANIN
KATT	LØVE
HEST	ULV
HUND	SAU
PRÆRIEULV	BJØRN
DELFIN	REV
ELEFANT	APE
SJIRAFF	OKSE
GORILLA	TIGER
KENGURU	SEBRA

17 - Sports

```
A N N Z Q B A S E B A L L E
C T E P R T J P J A U N I Y
S W L N B E B I V S Q X Y M
P T S E R N K L B K S T F E
I B A C T N U L V E W R B S
L F F D O I Q E I T A E E T
L P O R I S T R N B T N V E
D E N T G O L F N A E E E R
Z S X H D Y N B E L A R G S
D O M M E R F O R L M R E K
G Y M N A S T I K K S A L A
S G Y M N A S T I K K N S P
G I F B O J D K S Y K K E L
H O C K E Y J U S T I N P W
```

DOMMER	GYMNASTIKKSAL
ATLET	GYMNASTIKK
BASEBALL	HOCKEY
BASKETBALL	SPILL
MESTERSKAP	SPILLER
TRENER	BEVEGELSE
TEAM	STADION
VINNER	TENNIS
GOLF	SYKKEL

18 - Chocolat

```
K A R A M E L L S U K K E R
C F N O P P S K R I F T A K
O U E T H Z M H R M Y F R Y
S Q G Y I L A C P K H A O Y
K Ø G I J O K K T S I V M R
O P T T E S K A G Q R O A V
K E N P V N A S K C L R H B
O A C A Y G L Y I A I I I I
S N V M U K O R V D O T X T
N Ø Z B I Z R J A P A T K T
Ø T K V A L I T E T M N G E
T T W B D E I L I G M T R
T E Z I N G R E D I E N S I
A R T I S A N A L B E V Z X
```

BITTER
ANTIOKSIDANT
AROMA
ARTISANAL
PEANØTTER
KAKAO
KALORIER
KARAMELL
DEILIG

SØT
FAVORITT
SMAK
INGREDIENS
KOKOSNØTT
KVALITET
OPPSKRIFT
SUKKER

19 - Mathématiques

```
R D U O T K T G S F Æ R E P
A E L R R R V X Q L L K D A
D S K I G G E O M E T R I R
I I A T G P T K G L U E V A
U M R O A N V D A H M K I L
S A I R B N I F T N X S S L
P L T G R S G N S V T P J E
O V M E Ø Y A E G I B O O L
L O E T K M S E L N Z N N L
Y L T A D M U O M K R E T S
G U I F E E M W K L R N F V
O M K F L T C O V E N T P Y
N S K X U R P V J R D F S B
C G H W D I A M E T E R D X
```

VINKLER	GEOMETRI
ARITMETIKK	PARALLELL
TORGET	POLYGON
OMKRETS	RADIUS
DESIMAL	REKTANGEL
DIAMETER	SUM
DIVISJON	SFÆRE
EKSPONENT	SYMMETRI
LIGNING	TREKANT
BRØKDEL	VOLUM

20 - Mythologie

```
E  B  T  R  M  N  E  F  X  M  N  P  O  U
A  R  K  E  T  Y  P  E  C  Q  D  H  P  D
S  M  O  N  S  T  E  R  R  J  Ø  E  P  Ø
T  J  M  L  E  G  E  N  D  E  D  L  F  D
Y  K  A  T  A  S  T  R  O  F  E  T  Ø  E
R  I  G  L  D  Y  S  H  P  P  L  O  R  L
K  H  I  Y  U  X  B  K  E  V  I  R  S  I
E  N  S  N  D  S  T  B  A  V  G  D  E  G
E  S  K  A  P  N  I  N  G  P  N  E  L  H
L  A  B  Y  R  I  N  T  W  M  E  N  T  E
K  J  R  H  E  T  P  T  R  O  H  L  M  T
M  Q  T  F  W  X  F  T  L  O  Z  U  S  G
K  R  I  G  E  R  K  U  L  T  U  R  U  E
U  G  M  X  Q  T  Z  B  M  K  E  V  T  W
```

ARKETYPE	HELT
KATASTROFE	UDØDELIGHET
OPPFØRSEL	SJALUSI
SKAPELSE	LABYRINT
SKAPNING	LEGENDE
TRO	MAGISK
KULTUR	MONSTER
LYN	DØDELIG
STYRKE	TORDEN
KRIGER	HEVN

21 - Restaurant #2

```
T K W O H D R I K K R I B S
H R A Z K X E M K C S K J E
W Y G K T S W I E E T L Q F
J D R W E N Q W L W O S Y B
E D Ø D N V S M N I L A G F
K E N Z Z O W I E C G L V X
Y R N F I S K D R G D T A V
K H S R S O J D O W G N N A
H V A U O T G A F F E L N S
V O K K O S Y G S A L A T U
D S E T N U D L E R U T O F
D D R K M P Z Q N Q N V Q B
Z D I Q D P S A I K S E X Z
N U W C R E V M Z K J N Q E
```

DRIKK	KAKE
STOL	IS
SKJE	GRØNNSAKER
LUNSJ	NUDLER
DEILIG	EGG
MIDDAG	FISK
VANN	SALAT
KRYDDER	SALT
GAFFEL	KELNER
FRUKT	SUPPE

22 - Couleurs

```
Q M S B I N D I G O R C Q I
C A O R E N W R F F O U K K
G D M U K I M E U U S F Z B
R Ø D N Z F G F C Y A N G M
Å I G R Q P R E H R X F O X
H A I U X E Ø V S T H P O K
Y O R R U T N O I S V A R T
F S X S L L N G A E I E A F
G M A G E N T A W P T O N R
F U I Z S I Y L V I F Y S A
H J L H M N R G I A Z A J T
E U M A Y N B L Å L Q G E O
S P E H B U X Q V P L L F D
Q F T T K N C W Y B Z A F E
```

BEIGE	BRUN
HVIT	SVART
BLÅ	ORANSJE
CYAN	ROSA
FUCHSIA	RØD
GRÅ	SEPIA
INDIGO	GRØNN
GUL	LILLA
MAGENTA	

23 - Avions

```
B A L L O N G L A N D I N G
H Y D R O G E N X V Y G V F
Ø F M T Q Q Y J A L U F T R
Y J E O A T M O S F Æ R E M
D O L K T M A N N S K A P I
E H V L W O R E Z O A O D C
V J N D L P R O P E L L E R
A V S T A M N I N G Z B V E
P L X E V H T B Z V E R E T
H I S T O R I E S K M E N N
S M L W C R A M E R U N T I
G L N O Y I M D M Y B S Y N
G O L J T A I Z M E K E R G
N A V I G E R E W K L L M A
```

LUFT
ATMOSFÆRE
LANDING
EVENTYR
BALLONG
BRENSEL
HIMMEL
AVSTAMNING
RETNING

MANNSKAP
HØYDE
PROPELLER
HISTORIE
HYDROGEN
MOTOR
NAVIGERE
PILOT

24 - Aventure

```
Z X V A N S K E L I G H E T
E O O S Y M K N S J A N S E
M R E V C A K T I V I T E T
D U G L E D E U R E I S E R
Q R A Y R R P S K N A T U R
U T F O R D R I N G E R F S
A X U P K V G A C A M W A K
K O V Z A F H S S Q A O R J
Z X A V V O X M H K Q R L Ø
I C N S I K K E R H E T I N
M U L I G H E T G F F N G N
R E I S E R U T E K U K D H
F V G S U T F L U K T I A E
D E S T I N A S J O N K A T
```

AKTIVITET	UVANLIG
SKJØNNHET	REISERUTE
SJANSE	GLEDE
FARLIG	NATUR
DESTINASJON	NY
UTFORDRINGER	MULIGHET
VANSKELIGHET	SIKKERHET
ENTUSIASME	OVERRASKENDE
UTFLUKT	REISER

25 - Ville

```
B G H N R W A P O T E K K B
C A N X L E Q W C H Y A T O
G L V I Y U S T A D I O N K
K L I N I K K T T L G Q C H
K E U O I K O S A L O N G A
I R W D L C L B M U E I M N
N I X S U P E R M A R K E D
O B I B L I O T E K H A U E
M U S E U M F E D T O B N L
F L Y P L A S S E N T A B T
G J O R T E A T E R E K A L
D Y R E H A G E W H L E N M
M A R K E D X J S Q L R K W
U N I V E R S I T E T I I J
```

FLYPLASSEN   MARKED
BANK   MUSEUM
BIBLIOTEK   APOTEK
BAKERI   RESTAURANT
KINO   SALONG
KLINIKK   STADION
SKOLE   SUPERMARKED
GALLERI   TEATER
HOTELL   UNIVERSITET
BOKHANDEL   DYREHAGE

26 - Cuisine

```
S  S  M  E  A  K  C  G  R  I  L  L  E  J
F  V  I  V  R  R  B  K  C  N  U  Ø  S  E
O  K  A  T  O  U  F  R  Y  S  E  R  E  B
R  J  Q  M  G  K  D  Y  U  C  G  G  R  W
K  Ø  B  M  P  K  U  D  E  D  I  R  V  O
L  L  O  B  U  E  C  D  P  J  S  N  I  P
E  E  L  T  K  G  E  E  O  V  N  A  E  P
M  S  L  R  C  D  G  R  D  O  C  X  T  S
X  K  E  M  L  X  K  E  V  S  V  J  T  K
G  A  V  A  Q  C  J  N  G  A  F  L  E  R
C  P  K  T  M  A  E  O  I  U  G  X  F  I
K  O  P  P  E  R  L  E  O  V  F  L  B  F
G  C  M  S  K  J  E  E  R  W  E  Q  X  T
S  P  I  S  E  P  I  N  N  E  R  R  C  D
```

SPISEPINNER	GAFLER
BOLLE	GRILLE
KJELE	ØSE
FRYSER	MAT
KNIVER	KRUKKE
MUGGE	OPPSKRIFT
SKJEER	KJØLESKAP
KRYDDER	SERVIETT
SVAMP	FORKLE
OVN	KOPPER

27 - Corps Humain

```
Ø  S  K  A  P  Z  M  S  I  H  A  B  Y  H
R  X  L  Q  A  Z  M  K  Y  O  N  H  Z  Å
E  Q  H  K  N  E  A  U  R  D  S  M  A  N
R  K  J  J  K  W  G  L  N  E  I  D  A  D
R  W  E  E  E  P  E  D  N  N  K  G  R  N
K  L  R  V  L  R  L  E  E  Q  T  Y  L  Z
B  V  N  E  G  I  T  R  S  R  R  L  Y  V
L  A  E  H  V  U  Y  E  E  U  I  M  L  S
O  D  K  U  H  H  H  M  D  M  Y  M  N  D
D  F  E  D  M  Z  A  L  B  U  E  L  M  Z
M  Q  X  A  L  N  K  L  E  P  P  E  R  B
Q  G  F  I  N  G  E  R  S  Y  S  S  B  C
U  A  T  N  J  I  L  B  I  M  I  K  T  C
Z  O  E  T  S  Y  Q  R  U  S  X  O  Y  R
```

MUNN	LEPPER
HJERNE	HÅND
ANKEL	KJEVE
HALS	HAKE
ALBUE	NESE
HJERTE	ØRE
FINGER	HUD
MAGE	BLOD
SKULDER	HODE
KNE	ANSIKT

28 - Épices

```
I  F  Y  X  G  E  K  W  T  S  A  L  T  K
S  N  J  W  L  H  B  A  M  N  M  B  W  Z
P  L  G  P  Ø  E  I  B  N  P  C  A  P  O
I  A  T  E  K  G  T  T  E  C  D  K  I
S  K  X  P  F  F  T  U  B  A  L  J  J  J
S  R  E  P  L  Æ  E  A  N  I  S  S  U  R
K  I  O  E  I  P  R  G  F  T  I  X  I  W
U  S  C  R  K  A  R  D  E  M  O  M  M  E
M  Q  T  R  S  P  V  A  N  I  L  J  E  Z
M  W  S  A  F  R  A  N  N  Q  Q  O  D  P
E  T  O  F  X  I  H  V  I  T  L  Ø  K  Q
N  G  O  F  P  K  Q  E  K  I  A  K  F  T
X  K  O  R  I  A  N  D  E  R  F  W  H  W
M  U  S  K  A  T  I  A  L  K  A  R  R  I
```

SUR	INGEFÆR
HVITLØK	MUSKAT
BITTER	LØK
ANIS	PAPRIKA
KANEL	PEPPER
KARDEMOMME	LAKRIS
KORIANDER	SAFRAN
SPISSKUMMEN	SMAK
KARRI	SALT
FENNIKEL	VANILJE

29 - Science

```
O G Q Z M M E H P A G W Y L
R O P H M O K Y A J C E N D
G P F G E L S P R O Y I T M
A T O M T E P O T B F B J V
N F S M O K E T I K L I M A
I A S I D Y R E K E N I L X
S K I N E L I S L V H A S J
M T L E I E M E E O B D A F
E U T R I R E F R L R L A O
P M F A M I N E Y U E Q A R
A F C L U B T L G S O V L S
M K J E M I S K F J I B F K
M C B R N A T U R O F K G E
D A T A L Q B O O N H C K R
```

ATOM
KJEMISK
KLIMA
DATA
EKSPERIMENT
EVOLUSJON
FAKTUM
FOSSILT
HYPOTESE

METODE
MINERALER
MOLEKYLER
NATUR
ORGANISME
PARTIKLER
FYSIKK
FORSKER

30 - Chats

```
K Q P W K P F Z V C C O L K
G A L E S R G J S Ø V N E J
P Y Q R L Q R X Z X M G K Æ
Y N E Z D S Q K R Z O A E R
P S D S J M J E G E R R N L
C M K H G M U Z J N S N O I
S J E N E R T S E S O F A G
U A V H E N G I G W M P A I
P E R S O N L I G H E T X K
P O T E E Z G W L A G E C L
I Q C J A L V J Z L H L W K
W V I L L H U W C E K L O A
N Y S G J E R R I G H F M G
F H F M Q K Y A T B V C Q Z
```

KJÆRLIG
JEGER
NYSGJERRIG
SØVN
MORSOM
LEKEN
GARN
GAL
PELS

KLO
UAVHENGIG
POTE
PERSONLIGHET
HALE
VILL
MUS
SJENERT

31 - Vêtements

```
S  J  J  B  S  K  O  H  A  N  S  K  E  R
K  E  W  G  U  A  R  M  B  Å  N  D  D  X
J  A  F  W  T  K  N  G  E  N  S  E  R  S
O  N  B  C  M  I  S  D  S  K  J  E  R  F
R  S  K  J  Ø  R  T  E  A  H  E  Z  J  R
T  P  J  J  P  X  L  L  Y  L  U  F  A  A
E  X  O  D  A  Y  P  I  B  S  E  O  K  K
K  D  L  U  L  S  J  N  O  M  Z  R  K  K
H  X  E  Q  R  S  B  A  K  N  F  K  E  X
A  E  Z  M  L  E  N  R  M  B  E  L  T  E
T  W  E  H  W  X  C  Y  O  A  G  E  W  L
T  O  S  D  Z  Q  E  K  T  Y  S  W  J  E
C  K  B  L  U  S  E  Q  E  I  G  R  X  U
M  R  P  N  H  A  L  S  K  J  E  D  E  V
```

ARMBÅND	SKJØRT
BELTE	FRAKK
HATT	MOTE
SKO	BUKSE
SKJORTE	GENSER
BLUSE	PYJAMAS
HALSKJEDE	KJOLE
SKJERF	SANDALER
HANSKER	FORKLE
JEANS	JAKKE

32 - Arts Visuels

```
F A A M R R K K R I T T S K
I R I R X A U D T U U C S R
L K D H T T L B L Y A N T E
M I F L X I L I E N V Y A A
A T I N A X S C I U W L F T
L E Y W X K B T R M K Y F I
E K Z H P B K D E K E W E V
R T S J A B L O N G R T L I
I U Y T E C R K X L A Q I T
C R P E N N K R Z I M T D E
S A M M E N S E T N I N G T
P E R S P E K T I V K P N X
P O R T R E T T N B K I Y T
Z B S V O K S K U L P T U R
```

ARKITEKTUR	KREATIVITET
LEIRE	FILM
ARTIST	MALERI
KERAMIKK	PERSPEKTIV
KULL	SJABLONG
STAFFELI	PORTRETT
VOKS	SKULPTUR
SAMMENSETNING	PENN
KRITT	LAKK
BLYANT	

33 - Méditation

```
O Q E S T M R J K H Z T K V
W P Y Y Y N E O P X P A L A
M U P V V A G N L M K K A N
U S Y M V T K O T I M K R E
S T G E E U V W X A G N H R
I E I D N R H X C U L E E X
K V E F N I K O H J K M T H
K Å F Ø L E L S E R M L A O
D K I L I C J H O D M I F L
B E V E G E L S E M M G R D
O N I L H J U J Y D H H E N
M A K S E P T B F K F E D I
Y H Z E T F T G B E R T T N
P E R S P E K T I V O L C G
```

AKSEPT
OPPMERKSOMHET
ROLIG
KLARHET
MEDFØLELSE
FØLELSER
VÅKEN
VENNLIGHET
TAKKNEMLIGHET

VANER
MENTAL
BEVEGELSE
MUSIKK
NATUR
FRED
PERSPEKTIV
HOLDNING
PUSTE

34 - Littérature

```
X R O M A N X C V X W X A S
M Y K E T R A G E D I E N A
K T N N Z M B T H D K X A M
R M B I O G R A F I T O L M
J E E N Z N J N F K Y F O E
F D S G I M P A O T D N G N
M O K G C Q F L R R I M I L
M N R S S F R Y F P A E J I
U M I T E M A S A O L T D G
H S V I E B X E T E O A X N
R N E L Y L N T T T G F Z I
Q G L K G G L I E I J O U N
W L S Q R C Q E R S J R S G
A N E K D O T E R K X H M W
```

ANALOGI
ANALYSE
ANEKDOTE
FORFATTER
BIOGRAFI
SAMMENLIGNING
BESKRIVELSE
DIALOG
METAFOR
FORTELLER

MENING
DIKT
POETISK
RIM
ROMAN
RYTME
STIL
TEMA
TRAGEDIE

35 - Nourriture #1

```
E  P  S  Y  J  F  P  B  S  A  L  T  O  W
S  U  K  K  E  R  Æ  A  U  A  S  X  R  D
S  I  M  E  L  K  R  S  P  V  L  I  O  L
K  P  T  S  F  X  E  I  P  Y  F  A  P  G
J  W  I  R  L  L  Q  L  E  K  G  O  T  L
Ø  D  M  N  O  H  V  I  T  L  Ø  K  U  L
T  G  F  E  A  N  X  K  A  N  E  L  N  Ø
T  A  G  P  N  T  R  U  H  N  J  A  F  K
Z  T  U  E  H  U  I  M  W  Z  N  S  I  A
U  R  L  S  X  Z  F  E  I  U  B  S  S  F
Q  C  R  B  Y  G  G  X  C  U  D  J  K  F
F  E  O  J  O  R  D  B  Æ  R  I  G  R  E
Y  M  T  R  Q  V  X  O  T  H  P  K  J  Q
J  U  I  C  E  Q  O  Z  R  V  P  U  O  E
```

HVITLØK	NEPE
BASILIKUM	LØK
KAFFE	BYGG
KANEL	PÆRE
GULROT	SALAT
SITRON	SALT
SPINAT	SUPPE
JORDBÆR	SUKKER
JUICE	TUNFISK
MELK	KJØTT

36 - Jours et Mois

```
E  F  O  S  L  G  R  B  M  P  F  C  D  S
K  A  L  E  N  D  E  R  A  E  E  O  Z  Ø
D  P  Ø  P  M  Q  V  Z  N  A  B  L  C  N
Q  R  R  T  M  A  H  U  D  O  R  D  M  D
W  I  D  E  B  Å  R  R  A  F  U  K  E  A
E  L  A  M  L  S  N  S  G  J  A  K  G  G
T  S  G  B  A  J  I  E  R  A  R  S  I  I
I  O  P  E  J  U  N  I  D  N  R  A  K  M
R  N  R  R  D  L  I  T  A  U  G  U  S  T
S  S  B  S  P  I  P  W  D  A  O  Y  W  I
D  D  T  H  D  A  Q  L  P  R  S  I  Q  I
A  A  P  V  J  A  N  O  V  E  M  B  E  R
G  G  S  T  T  U  G  O  K  T  O  B  E  R
F  R  E  D  A  G  V  P  O  R  A  R  D  N
```

AUGUST	TIRSDAG
APRIL	MARS
KALENDER	ONSDAG
SØNDAG	MÅNED
FEBRUAR	NOVEMBER
JANUAR	OKTOBER
TORSDAG	LØRDAG
JULI	UKE
JUNI	SEPTEMBER
MANDAG	FREDAG

37 - Championnat

```
T  W  T  R  E  N  E  R  S  V  E  T  T  E
K  E  J  G  E  U  J  I  D  M  N  N  M  H
S  Y  A  M  Y  T  E  L  S  E  R  T  A  F
P  X  Y  M  H  H  U  E  Q  E  Z  R  T  I
I  I  F  G  M  O  T  I  V  A  S  J  O  N
L  B  T  E  Y  L  L  I  G  A  P  S  B  A
L  J  K  O  U  D  I  R  G  C  O  T  M  L
S  E  I  E  R  E  G  W  A  B  R  R  E  I
V  A  C  U  U  N  O  Z  E  M  T  A  D  S
D  Ø  M  M  E  H  Y  Z  V  E  C  T  A  T
N  A  N  B  W  E  B  E  C  S  A  E  L  L
L  K  M  V  O  T  K  P  W  T  R  G  J  C
T  U  R  N  E  R  I  N  G  E  Z  I  E  J
X  I  P  L  M  E  S  T  E  R  S  K  A  P
```

MESTER	MEDALJE
MESTERSKAP	MOTIVASJON
UTHOLDENHET	YTELSE
TRENER	SPORT
TEAM	STRATEGI
FINALIST	TURNERING
SPILL	SVETTE
DØMME	SEIER
LIGA	

38 - Pirates

```
B E B V K Q P Q H W H D P C
P A P E G Ø Y E U F A Å M Q
I K Q V R K G U L L V R M N
V T W E J N L H E A X L U G
M A N N S K A P P G B I E A
Y H S T K X A W N G O G C K
N N I Y C S T R A N D N O N
T Y N R L W P E T A G S E Q
E Y R G E S V E R D N R T F
R W F K G S K A T T Q K L H
K A P T E I N R J F A R E S
K Z B Z N K L B O T C Ø U R
D Z A P D N W F Z M P Y E K
A R R S E Z C I H N S V H T
```

ANKER	ØY
EVENTYR	LEGENDE
KAPTEIN	DÅRLIG
KART	HAV
ARR	GULL
FARE	PAPEGØYE
FLAGG	MYNTER
SVERD	STRAND
MANNSKAP	ROM
HULE	SKATT

39 - Activités

```
H A G E A R B E I D Q M Z S
V M H Å N D V E R K F T F W
X A K T I V I T E T O Y U O
G L E D E V Z S Z D T M Z F
S E S N P Z T A M W O E N O
Y R P S R F E R D I G H E T
I I K Y F U Y S K J R V E T
I N T E R E S S E R A I L U
C A M P I N G L R R F K K R
S G A K T I Q E A N E U T E
E P G F I U W S M K R N B R
S N I Q D S X I I F I S K E
T N F L F C P N K F N T T I
Y I W I L U G G K U G X Q B
```

AKTIVITET
KUNST
HÅNDVERK
CAMPING
KERAMIKK
JAKT
FERDIGHET
SY
INTERESSER
HAGEARBEID

SPILL
LESING
FRITID
MAGI
MALERI
FISKE
FOTOGRAFERING
GLEDE
FOTTURER

40 - Fleurs

```
H I B I S K U S N R O I F N
X Z D K O S K C F M A L I S
U S A G L I L L A K H A V J
G Y J B S I Ø V P H N V J A
B A X U I P V A L M U E N S
L U R T K V E H F G J N A M
I R K D K G R O R K I D É I
L U M E E E Y U N R R E K N
J R U O T N M A G N O L I A
E V X M Q T I N X C S O L K
O K R O N B L A D U E N Q X
P A S J O N S B L O M S T Z
P Å S K E L I L J E Z M Z F
L A L Ø V E T A N N K J T D
```

BUKETT	ORKIDÉ
GARDENIA	PASJONSBLOMST
HIBISKUS	VALMUE
SJASMIN	KRONBLAD
PÅSKELILJE	LØVETANN
LAVENDEL	PEON
LILLA	ROSE
LILJE	SOLSIKKE
MAGNOLIA	KLØVER

41 - Nourriture #2

```
W  Z  W  Y  X  E  N  L  W  K  D  V  L  D
A  Z  B  B  G  G  B  D  O  I  R  F  I  R
S  O  X  A  A  G  V  Q  E  W  L  I  H  U
S  J  O  K  O  L  A  D  E  I  Q  S  S  E
M  A  N  G  O  A  U  E  R  F  A  K  K  K
W  A  B  L  F  L  B  R  Ø  D  S  Y  I  I
S  B  N  T  V  P  E  M  L  O  E  L  N  R
E  R  G  D  X  I  R  R  I  R  L  L  K  S
P  O  J  M  E  A  G  Z  Y  U  L  I  E  E
L  K  H  G  N  L  I  K  B  M  E  N  L  B
E  K  Y  H  K  L  N  R  A  W  R  G  X  Æ
I  O  D  W  L  O  E  O  N  U  I  S  I  R
Y  L  O  H  V  E  T  E  A  S  O  P  P  P
R  I  T  O  M  A  T  X  N  J  L  P  A  A
```

MANDEL	KIWI
AUBERGINE	MANGO
BANAN	EGG
HVETE	BRØD
BROKKOLI	FISK
KIRSEBÆR	EPLE
SELLERI	KYLLING
SOPP	DRUE
SJOKOLADE	RIS
SKINKE	TOMAT

42 - Sons

```
K U A F F R Y J Q Y R Z J H
O F L Ø Y T E Y F C D X T Z
N N H S Y Z K S H C P D P H
S O Ø T I S K L O K K E D V
E H Y Ø Y R O L S N R U M I
R O T N R L E Y T T A M W B
T A W N O D U N E U P N A R
D O V Q J J C K E H P I S A
C K L A P P K X R R Z Y G S
Q W J A R R O T M D W E P J
R E P E T E R E N D E Y Y O
O W C D S T Ø Y E N D E Z N
T H S Z S T E M M E R H R N
I H Z A K F K R H V I S K E
```

KLAPP	REPETERENDE
STØYENDE	RESONANS
HVISKE	LATTER
KOR	FLØYTE
KLOKKE	SIRENER
KONSERT	HOSTE
EKKO	VIBRASJON
HØYT	STEMMER
STØNN	

43 - Océan

```
S  K  I  L  P  A  D  D  E  S  B  J  N  O
T  R  E  V  Å  L  S  D  V  A  Ø  X  M  L
O  A  L  W  W  K  J  T  D  L  L  B  N  U
R  B  B  N  Z  Z  C  W  R  T  G  Å  U  Ø
M  B  S  Q  D  M  A  N  E  T  E  T  B  S
T  E  F  V  O  X  S  P  K  A  R  N  L  T
V  U  V  I  A  W  K  Q  E  N  K  E  E  E
I  G  N  B  W  M  R  I  V  G  O  E  K  R
O  C  U  F  T  C  P  S  C  Q  R  T  K  S
O  Y  L  L  I  P  H  A  I  F  A  U  S  T
B  F  Q  L  F  S  Z  V  D  M  L  Q  P  R
D  E  L  F  I  N  K  C  A  S  L  C  R  M
D  F  B  P  S  X  R  V  R  L  K  J  U  Z
P  K  C  C  K  C  S  Y  J  Z  X  U  T  S
```

TANG	MANET
ÅL	FISK
HVAL	BLEKKSPRUT
BÅT	HAI
KORALL	REV
KRABBE	SALT
REKE	STORM
DELFIN	TUNFISK
SVAMP	SKILPADDE
ØSTERS	BØLGER

44 - Remplir

```
K A R T O N G B K U E R I L
E U B G T K X V A S E S O M
K G X X F A T A S S G L K T
Z L O E V G L P S K S N Z E
M J R K L O M M E U R E Y N
A Q B K U R V N D F Ø T N D
P K R U K K E Y Z F R G Y G
P A A M O J Y B F L I V P J
E J K R F G A N A A K U P I
T M E K F E K K C S B L O X
D F I O E P N V I K Ø Q S H
O P B M R O K S G E T M E N
I T R T T Y M B R E T T S J
K K O N V O L U T T E O U R
```

FAT	BRETT
BASSENG	LOMME
ESKE	KRUKKE
FLASKE	POSE
KASSE	BØTTE
KARTONG	SKUFF
MAPPE	RØR
KONVOLUTT	KOFFERT
KURV	VASE
PAKKE	

45 - Ballet

```
A P P L A U S M Q V G M G N
I N T E N S I T E T G U F D
G E S T L Y O I S L D S S P
T E K N I K K L Z T V I T Z
P U B L I K U M O S C K I R
K O R E O G R A F I R K L X
A O U T T R Y K K S F U L L
I R M E Q X G C T O I J A G
F K U P F E R D I G H E T T
Z E S E O B A L L E R I N A
A S K D A N S E R E L O P K
J T L G Ø V I N G I L H K D
M E E E K G Ø S R Y T M E U
H R R G E V S O T L N O R R
```

APPLAUS	MUSKLER
BALLERINA	MUSIKK
KOREOGRAFI	ORKESTER
FERDIGHET	PUBLIKUM
KOMPONIST	ØVING
DANSERE	RYTME
UTTRYKKSFULL	SOLO
GEST	STIL
GRASIØS	TEKNIKK
INTENSITET	

46 - Fruit

```
F  K  N  M  A  W  Z  I  D  M  X  Z  Y  A
E  I  A  W  A  C  I  D  N  A  T  H  M  N
R  R  N  E  K  T  A  R  I  N  W  B  R  A
S  S  A  P  R  I  K  O  S  G  G  A  Y  N
K  E  G  L  P  Æ  R  E  P  O  M  N  P  A
E  B  Y  E  O  R  A  N  S  J  E  A  A  S
N  Æ  G  N  Q  P  L  V  J  K  L  N  P  P
S  R  R  G  U  A  V  A  O  X  O  N  A  Q
X  F  S  Y  D  Q  G  H  D  K  N  E  Y  C
B  R  I  N  G  E  B  Æ  R  K  A  T  A  J
Æ  L  T  G  X  I  Q  W  U  X  I  D  X  E
R  S  R  L  M  I  D  K  E  H  G  W  O  E
Z  Z  O  F  T  H  U  L  N  I  X  S  I  R
Z  T  N  F  M  F  E  R  H  Z  T  G  B  C
```

APRIKOS	KIWI
ANANAS	MANGO
AVOKADO	MELON
BÆR	NEKTARIN
BANAN	ORANSJE
KIRSEBÆR	PAPAYA
SITRON	FERSKEN
FIG	PÆRE
BRINGEBÆR	EPLE
GUAVA	DRUE

47 - Surf

```
L Q Q V Æ R E B K M S K F U
B L L F H G N M K Y O J L I
C H A S T I G H E T U R Y V
F O L K E M E N G D E R O D
N Y B E G Y N N E R M A G E
H V J S K U M E B L F F G J
P A D L E O M Q S Ø X D L U
L V G R E X Q E A T L E T S
S T R A N D K M G A Y G O T
F R E Q Q P O P U L Æ R E I
K S V R H A V Z R W A A K L
K F L A V Z C W N L F R U E
E K S T R E M E S T E R M F
M F V N E S B E M R W Q Z E
```

MORO	SKUM
ATLET	HAV
MESTER	PADLE
NYBEGYNNER	STRAND
MAGE	POPULÆR
EKSTREM	REV
STYRKE	STIL
FOLKEMENGDER	BØLGE
VÆR	HASTIGHET

48 - Technologie

```
I  N  T  E  R  N  E  T  T  D  F  S  W  M
F  F  Y  Z  A  E  X  S  N  A  O  K  G  A
F  N  G  T  V  B  Y  T  E  T  R  R  J  R
V  H  K  A  M  E  R  A  T  A  S  I  P  K
V  D  A  T  A  B  K  T  T  M  K  F  X  Ø
I  I  J  P  H  S  D  I  L  A  N  T  I  R
S  G  R  M  G  I  E  S  E  S  I  U  Y  L
E  I  P  T  T  K  E  T  S  K  N  E  T  X
X  T  E  F  U  K  O  I  E  I  G  K  L  Z
X  A  W  S  Q  E  C  K  R  N  Q  I  G  X
S  L  U  Q  E  R  L  K  B  L  O  G  G  M
I  T  P  B  F  H  W  L  S  K  J  E  R  M
V  I  R  U  S  E  M  E  L  D  I  N  G  I
S  C  C  V  X  T  T  X  M  C  O  Z  W  M
```

VISE	DIGITALT
BLOGG	BYTE
KAMERA	DATAMASKIN
MARKØR	SKRIFT
DATA	FORSKNING
SKJERM	SIKKERHET
FIL	STATISTIKK
INTERNETT	VIRTUELL
MELDING	VIRUS
NETTLESER	

49 - Météo

```
T R O P I S K G R L I T Y P
Ø T O R D E N U M I Q O K Q
R A D T K B R I S D H R R T
R U T W E A M S B V X N H Å
I P F M P M N K L I M A I K
D V O O O A P Q M N B D M E
J K Z N L S U E S D F O M U
S K Y S A T F S R A L H E L
B Q A U R O Q Æ N A M B L S
W N F N R R C I R K T F T B
F U R Y V M M Y O E F U Ø U
Z Q W G C A R H L L O D R M
N O V U B G R H I D R D K V
X R Q A Y D R E G N B U E S
```

REGNBUE	ORKAN
ATMOSFÆRE	POLAR
BRIS	TØRR
TÅKE	TØRKE
ROLIG	TEMPERATUR
HIMMEL	STORM
KLIMA	TORDEN
IS	TORNADO
MONSUN	TROPISK
SKY	VIND

50 - Châteaux

```
F  Ø  Y  D  A  L  V  I  J  C  L  E  K  W
P  P  A  L  A  S  S  R  S  M  D  R  O  T
R  R  U  M  Q  S  W  Z  B  V  A  Y  N  R
I  I  I  H  F  K  J  H  J  V  E  G  G  P
N  N  M  F  L  J  E  D  E  L  F  R  E  U
S  S  I  Q  H  O  T  Y  X  W  E  I  D  S
E  K  C  M  W  L  Å  N  F  K  S  D  Ø  K
S  R  K  P  P  D  R  A  G  E  T  D  M  A
S  O  Y  H  Y  E  N  S  B  B  N  E  M  T
E  N  R  Y  E  W  R  T  Z  Y  I  R  E  A
A  E  N  L  A  S  L  I  E  R  N  I  G  P
B  I  O  Q  B  C  T  M  U  G  G  X  R  U
R  U  S  T  N  I  N  G  O  M  B  G  J  L
E  N  H  J  Ø  R  N  I  N  G  N  Y  B  T
```

RUSTNING	FØYDAL
SKJOLD	FESTNING
KATAPULT	ENHJØRNING
HEST	VEGG
RIDDER	EDEL
KRONE	PALASS
DRAGE	PRINS
DYNASTI	PRINSESSE
IMPERIUM	KONGEDØMME
SVERD	TÅRN

51 - Randonnée

```
C D E S D E D W E D D F O F
A K F T H S V A N N Y O R J
M N L E P O V Æ R W T R I E
P E L I K L I P P E R B E L
I N T N M X X N Z V Ø E N L
N L U E F A R E R A T R T T
G T N R A B Z Q P P T E E O
F V G A V E T H H A A D R P
A T I S T Ø V L E R I E I P
X B N L E C Q W K K U L N M
D M Z B L X L X V E R S G Ø
V Q K N V N A T U R A E H T
E T Q O V N X K A R T J E E
K H C Y Q V B Q T Y M K D M
```

DYR	VÆR
STØVLER	FJELL
CAMPING	NATUR
KART	ORIENTERING
KLIMA	PARKER
FARER	STEINER
VANN	FORBEREDELSE
KLIPPE	VILL
TRØTT	SOL
TUNG	TOPPMØTE

52 - Meubles

```
F B P M O G E B K O Q H F P
S P E I L A R M O I R E U U
P U U N V R T M M T B N T T
L T P N K D Y A M E O G O E
V E X D S I P D O P K E N T
B R N E B N L R D P H K D D
N I L E C E K A E E Y Ø X L
U J G S S R J S M S L Y O L
T R Y B O T M S O P L E F T
S E N G F V O L F X E U V Z
T T F V A B P L S C K O C R
O S K R I V E B O R D S F G
L F T Z Q O A E N A C J J A
R L R A X S Q M Z F Q N K Q
```

ARMOIRE	FUTON
BENK	HENGEKØYE
BOKHYLLE	LAMPE
SKRIVEBORD	SENG
SOFA	MADRASS
STOL	SPEIL
KOMMODE	PUTE
PUTER	GARDINER
LENESTOL	TEPPE

53 - Art

```
R V U I M F F I N W S B H I
K K T N N C C I H T X N F S
F E T M N S H O G J Q U J U
E N R D H K P T N U I B P R
A K Y A U H R I F Z R O E R
R E K T M A L E R I E R R E
A L K I P I O O K E V C S A
H U M Ø R U S V J M R J O L
S P X P H E U K H N S T N I
K O R I G I N A L E Y Æ L S
A E K O M P L E K S M R I M
P S S K I L D R E W B L G E
E I S K U L P T U R O I B W
V I S U E L L M Q I L G Y T
```

KERAMISK   MALERIER
KOMPLEKS   PERSONLIG
SKAPE   POESI
SKILDRE   SKULPTUR
UTTRYKK   ENKEL
FIGUR   EMNE
ÆRLIG   SURREALISME
HUMØR   SYMBOL
INSPIRERT   VISUELL
ORIGINAL

54 - Nutrition

```
G  J  Æ  R  I  N  G  J  D  H  D  H  Q  L
I  S  M  A  K  O  H  H  S  I  E  Y  B  G
F  V  K  V  A  L  I  T  E  T  E  L  U  Z
T  E  Æ  P  P  Y  S  A  U  S  G  T  S  G
B  K  I  S  B  A  L  A  N  S  E  R  T  E
I  T  E  T  K  A  P  P  E  T  I  T  T  Z
V  O  K  W  H  E  K  A  L  O  R  I  E  R
B  I  T  T  E  R  R  K  R  Y  D  D  E  R
S  P  I  S  E  L  I  G  L  U  X  H  P  S
A  Y  J  P  R  O  T  E  I  N  E  R  T  U
K  A  R  B  O  H  Y  D  R  A  T  E  R  N
F  O  R  D  Ø  Y  E  L  S  E  L  O  D  N
V  I  T  A  M  I  N  Y  R  Z  Y  X  Q  F
J  L  O  L  V  W  L  M  N  X  R  W  G  H
```

BITTER	VÆSKER
APPETITT	VEKT
KALORIER	PROTEINER
SPISELIG	KVALITET
DIETT	SUNN
FORDØYELSE	HELSE
KRYDDER	SAUS
BALANSERT	SMAK
GJÆRING	GIFT
KARBOHYDRATER	VITAMIN

55 - Science Fiction

```
E  K  S  P  L  O  S  J  O  N  S  R  R  I
P  E  O  R  A  K  E  L  E  N  C  O  G  N
I  L  L  U  S  J  O  N  N  E  E  B  B  N
V  N  A  R  S  S  B  A  F  K  N  O  R  B
E  T  T  N  M  D  R  E  U  S  A  T  G  I
R  I  O  U  E  F  A  S  T  T  R  E  A  L
D  Y  M  F  T  T  N  D  U  R  I  R  L  T
E  V  L  N  Y  M  N  D  R  E  O  G  A  S
N  U  D  Z  V  Y  N  P  I  M  S  A  X  M
F  A  N  T  A  S  T  I  S  K  B  A  Y  X
U  T  O  P  I  T  W  P  T  G  Ø  Q  K  H
P  R  E  A  L  I  S  T  I  S  K  I  N  O
Y  P  W  E  S  S  F  L  S  I  E  Q  E  U
P  S  X  I  W  K  M  Z  K  I  R  I  V  Q
```

ATOM
KINO
EKSPLOSJON
EKSTREM
FANTASTISK
BRANN
FUTURISTISK
GALAXY
ILLUSJON
INNBILT

BØKER
VERDEN
MYSTISK
ORAKEL
PLANET
REALISTISK
ROBOTER
SCENARIO
UTOPI

56 - Vertus #1

```
P  R  A  K  T  I  S  K  E  P  U  N  F  Z
B  B  R  S  I  L  I  K  L  Å  A  Y  A  E
I  D  A  E  K  D  E  O  I  L  V  S  N  O
T  G  F  P  N  F  I  R  D  I  H  G  T  I
E  F  F  E  K  T  I  V  E  T  E  J  A  N
B  E  S  K  J  E  D  E  N  E  N  E  S  T
P  J  O  A  K  W  M  N  S  L  G  R  I  E
G  A  N  C  L  M  O  Y  K  I  I  R  F  L
O  W  S  E  O  Y  R  T  A  G  G  I  U  L
D  Y  X  I  K  B  S  T  P  B  F  G  L  I
F  W  D  I  E  B  O  I  E  Z  Z  W  L  G
P  Y  V  Q  V  N  M  G  L  V  Y  Q  P  E
S  C  J  G  L  V  T  B  I  W  Y  S  Y  N
S  J  E  N  E  R  Ø  S  G  E  O  M  K  T
```

GOD	INTELLIGENT
NYSGJERRIG	BESKJEDEN
MORSOM	LIDENSKAPELIG
EFFEKTIV	PASIENT
PÅLITELIG	PRAKTISK
SJENERØS	REN
FANTASIFULL	KLOK
UAVHENGIG	NYTTIG

57 - Professions #1

```
B R A N N M A N N A S F P F
I K R F S M Z B A N K I E R
K J E G E R Ø R L E G G E R
O W M H S Q R E R H T Z A G
P G X D K A R T O G R A F E
I W K I A R K U B L E G E O
A S T R O N O M N K N U M L
N K P S L Z S C V Z E L U O
I S Y K E P L E I E R L S G
S A D V O K A T R E X S I H
T P S Y K O L O G P E M K W
A M B A S S A D Ø R T E E M
V E T E R I N Æ R Z C D R B
F O R S K E R E D A K T Ø R
```

AMBASSADØR	GEOLOG
ASTRONOM	SYKEPLEIER
ADVOKAT	LEGE
BANKIER	MUSIKER
GULLSMED	PIANIST
KARTOGRAF	RØRLEGGER
JEGER	BRANNMANN
DANSER	PSYKOLOG
TRENER	FORSKER
REDAKTØR	VETERINÆR

58 - Géologie

```
G  P  L  A  T  Å  S  O  N  E  M  B  A  S
S  E  Q  O  O  K  H  V  R  S  I  L  U  T
Y  F  Y  O  U  K  U  G  M  Q  C  S  T  E
R  L  O  S  T  A  L  A  K  T  I  T  T  I
E  A  W  M  I  N  E  R  A  L  E  R  K  N
U  G  B  K  O  R  A  L  L  S  K  V  O  J
V  E  R  O  S  J  O  N  N  M  A  B  N  P
G  U  F  O  S  S  I  L  T  E  L  T  T  N
L  D  L  C  R  Y  S  T  A  L  S  J  I  S
X  A  H  K  V  A  R  T  S  T  I  Q  N  S
Q  S  V  F  A  R  G  W  A  E  U  E  E  M
Q  C  B  A  V  N  M  U  L  T  M  F  N  M
X  W  K  X  G  T  X  J  T  C  B  E  T  E
Z  H  D  Y  A  O  B  S  T  D  P  B  W  H
```

SYRE	GEYSIR
KALSIUM	LAVA
HULE	MINERALER
KONTINENT	STEIN
KORALL	PLATÅ
LAG	KVARTS
CRYSTAL	SALT
EROSJON	STALAKTITT
SMELTET	VULKAN
FOSSILT	SONE

59 - Cirque

```
K U L E T B A L L O N G E R
O N Ø L V I T R I K S F Y Q
S D V E V L L F Z W K M S V
T E E F A L D S A K T E L T
Y R P A Y E R M K P L R U A
M H A N T T B A X U E O Y W
E O R T Z T E G P T E O V L
X L A Y M U S I K K D R H N
D D D G A A A K T I G E R Y
D E E K G D F E H O M U G I
Y L P I I D Y R G B C J Y Z
W C A K R O B A T Y M R N O
B D W S P E K T A K U L Æ R
G R S J O N G L Ø R G X H A
```

AKROBAT	LØVE
DYR	MAGIKER
TRIKS	MAGI
BALLONGER	MUSIKK
BILLETT	PARADE
KLOVN	APE
KOSTYME	SPEKTAKULÆR
UNDERHOLDE	TILSKUER
ELEFANT	TELT
SJONGLØR	TIGER

60 - Jardin

```
M G E T B N H F Y G V T J K
R Z R K B P E R V A I R L H
Y S A E U K N U Q R N A R J
B L O M S T G K B A T M S A
Y A W Y K S E T E S R P D O
J N H D A M K H N J E O M D
T G W I A L Ø A K E E L A I
J E H A G E Y G S B T I Y Z
P Q R L O L E E W P Y N U J
L L B R O E N O E L A E G O
C B S M A K M W B E S D R R
N A L Q T S Y X C N E L E D
R A K E R Y S C V E M E S D
Q V G J E R D E Y L Y U S J
```

TRE	UGRESS
BENK	SPADE
BUSK	PLEN
GJERDE	RAKE
DAM	JORD
BLOMST	TERRASSE
GARASJE	TRAMPOLINE
HENGEKØYE	SLANGE
GRESS	FRUKTHAGE
HAGE	VINTREET

61 - Barbecues

```
S A L A T E R F P B Q Y J M
A G U K M S L Z E A Q F N E
U B N O Y T Ø F P R Z F J I
S V S C Y L K K P N A A Z S
S B J B N G L N E U F M C Q
M I D D A G C I R O R I Z V
U S O M M E R V N S U L T A
S S G R I L L E T G K I T R
I A P L G S M R O O T E O M
K L D I D A O X R X D A M T
K T U J L N A Y Q U Y L A X
S R Y T P L G A I D P N T F
G R Ø N N S A K E R Q D E I
H G D Q J C R X O H K X R B
```

VARMT	SPILL
KNIVER	GRØNNSAKER
LUNSJ	MUSIKK
MIDDAG	LØK
BARN	PEPPER
SOMMER	KYLLING
SULT	SALATER
FAMILIE	SAUS
FRUKT	SALT
GRILLE	TOMATER

62 - Anniversaire

```
G G T N T I Q Q Z A N S V S
L L Y S I M J E K Z F N I A
E A K I D O N G A V E K S N
D D V A Q R Å R L H I O D G
E Y C E K O F I E F R R O G
L F D V N E Q Y N H I T M S
I S A B N N O U D B N V X P
G M G D U G E B E C G A F E
P S S C H G G R R Z Q P K S
I N V I T A S J O N E R D I
W D O W I S J F Q R H E B E
U N G W H S W T Ø Y Z X F L
Y C L M S A V C G D Q G L L
B Z U Y U M I R I I T Q N X
```

VENNER
MORO
ÅR
LYS
GAVE
KALENDER
KORT
SANG
FEIRING
KAKE

GLAD
INVITASJONER
UNG
DAG
GLEDELIG
FØDT
VISDOM
SPESIELL
TID

63 - Animaux de Compagnie

```
V D Ø G L E T K U K L Ø R M
K A T T D D Q A R V A N N N
H U N D S O Y T F A D N U P
A Y E K E U H T I L G K I F
L C Z L F S M U S P I E N N
E I B G Y K G N K M A T A V
O Y O W J I Q G X Z D R M E
L R L R X L H E I U B U P T
F C I L X P P A P E G Ø Y E
G E I T N A D C M X P W T R
O L B Å N D A D K S R Q S I
T K Y B A D V D Z E T D L N
V B O T S E S N X H G E O Æ
L I P D O W R N K P Y E R R
```

KATT	KANIN
KATTUNGE	ØGLE
GEIT	MAT
HUND	PAPEGØYE
VALP	FISK
KRAGE	HALE
VANN	MUS
KLØR	SKILPADDE
HAMSTER	KU
BÅND	VETERINÆR

64 - Forêt Tropicale

```
B  E  V  A  R  I  N  G  L  B  V  F  T  R
D  G  U  J  N  A  T  U  R  T  E  O  I  E
O  N  F  D  U  P  M  A  S  I  R  W  L  S
Y  I  E  F  Q  N  L  F  R  X  D  O  F  T
W  U  M  J  A  L  G  U  V  T  I  P  L  A
R  E  S  P  E  K  T  E  B  P  F  F  U  U
B  S  S  E  M  O  S  E  L  K  U  U  K  R
M  O  P  A  T  T  E  D  Y  R  L  G  T  E
Z  P  T  X  A  G  C  K  O  Z  L  L  V  R
E  U  M  A  N  G  F  O  L  D  E  E  J  I
K  W  L  I  N  S  E  K  T  E  R  R  O  N
J  P  A  M  F  I  B  I  E  R  G  X  N  G
Z  J  V  Z  X  J  S  K  Y  E  R  G  C  X
V  M  U  R  F  O  L  K  L  I  M  A  Z  M
```

AMFIBIER	MOSE
BOTANISK	NATUR
KLIMA	SKYER
MANGFOLD	FUGLER
ART	VERDIFULL
URFOLK	BEVARING
INSEKTER	TILFLUKT
JUNGEL	RESPEKT
PATTEDYR	RESTAURERING

65 - Insectes

```
F  L  W  S  G  R  E  S  S  H  O  P  P  E
O  W  M  O  K  A  K  E  R  L  A  K  K  N
V  F  C  M  Y  G  G  B  G  V  C  J  Y  J
E  X  V  M  U  B  I  L  L  E  I  R  N  P
U  E  B  E  C  J  U  D  M  I  J  E  I  A
G  C  I  R  P  P  T  E  R  M  I  T  T  N
M  I  E  F  M  S  J  Y  I  F  O  N  V  A
M  C  N  U  B  L  A  D  L  U  S  I  I  F
H  A  L  G  I  C  L  Z  J  O  R  M  A  F
G  D  N  L  A  R  V  E  T  W  P  D  L  M
W  A  T  T  J  G  H  Q  F  R  N  P  L  A
C  U  A  Y  I  M  A  R  I  H  Ø  N  E  U
T  U  G  G  I  S  S  M  S  A  U  U  N  R
Ø  Y  E  N  S  T  I  K  K  E  R  F  M  O
```

BIE	MYGG
KAKERLAKK	SOMMERFUGL
CICADA	LOPPE
MARIHØNE	BLADLUS
MAUR	GRESSHOPPE
VEPS	BILLE
LARVE	TERMITT
ØYENSTIKKER	ORM
MANTIS	

66 - Ferme #1

```
K  R  Å  K  E  B  Z  U  G  J  E  R  D  E
A  U  B  B  F  E  L  T  J  E  L  H  Ø  Y
T  Y  O  I  K  A  L  V  Ø  S  N  O  G  W
T  W  H  E  S  T  U  G  D  E  T  N  N  Z
K  B  F  D  A  O  Y  E  S  L  J  N  B  G
X  Y  F  R  D  X  N  I  E  I  W  I  Q  F
T  U  L  E  E  J  H  T  L  V  Z  N  I  E
Y  C  O  L  K  T  X  X  A  B  U  G  F  B
B  J  K  B  I  M  Q  M  N  K  M  T  X  S
G  S  K  N  Q  N  A  X  D  I  V  E  R  S
X  L  Z  G  P  J  G  S  B  L  C  N  G  V
Z  M  V  A  N  N  K  X  R  I  S  P  D  R
X  Q  E  B  R  O  B  H  U  N  D  C  Q  W
D  F  G  C  I  X  K  P  K  H  Z  C  O  R
```

BIE	KRÅKE
LANDBRUK	VANN
ESEL	GJØDSEL
BISON	HØY
FELT	HONNING
KATT	KYLLING
HEST	RIS
GEIT	FLOKK
HUND	KU
GJERDE	KALV

67 - Escalade

```
E  S  M  A  L  N  B  G  H  H  U  L  E  W
U  K  T  Y  D  E  Y  I  P  A  Ø  R  K  V
T  A  S  Ø  C  H  U  M  J  N  F  Y  X  T
F  R  F  P  V  H  S  U  U  S  O  S  D  R
O  T  U  N  E  L  N  N  Z  K  T  T  A  E
R  R  H  L  C  R  E  D  R  E  T  A  D  N
D  S  U  Y  K  V  T  R  R  U  B  D  I
R  R  F  Y  S  I  S  K  D  X  R  I  X  N
I  T  S  T  Y  R  K  E  H  J  E  L  M  G
N  T  E  R  R  E  N  G  Z  A  R  I  L  S
G  T  X  Q  I  L  O  C  H  I  Y  T  X  K
E  T  A  T  M  O  S  F  Æ  R  E  E  Q  A
R  W  G  X  U  A  C  O  K  K  S  T  P  D
N  Y  S  G  J  E  R  R  I  G  H  E  T  E
```

HØYDE	SMAL
ATMOSFÆRE	STYRKE
SKADE	TRENING
STØVLER	HANSKER
KART	HULE
HJELM	FYSISK
NYSGJERRIGHET	FOTTURER
UTFORDRINGER	STABILITET
EKSPERT	TERRENG

68 - École #2

```
O L I T T E R A T U R J Y G
B R X F Z H K A L E N D E R
M L D V I T E N S K A P B A
A T A B I B L I O T E K S M
K H T U O J G I Y N D J U M
T L A S U K K I N O L L W A
I Æ M S S T C U B Ø K E R T
V R A P K P D E N O Y S L I
I E S I O H P A P I R I Æ K
T R K L W B I C N D E N R K
E P I L S O K D K N L G I K
T I N N A I D V B Q I O N B
E P V W K M A T T E Z N G C
R S M H S U B L Y A N T G Q
```

AKTIVITETER
LÆRING
BIBLIOTEK
BUSS
KALENDER
SKO
SAKS
BLYANT
ORDBOK
LÆRER

UTDANNING
GRAMMATIKK
SPILL
LESING
LITTERATUR
BØKER
MATTE
DATAMASKIN
PAPIR
VITENSKAP

69 - Antarctique

```
O W D A I G L I S X L H G V
B O Y Ø Y E R S Q E V X Q L
Y B U O U O N B U S H T D M
T B U K T G K R B C H L J E
K E E C D R B E V A R I N G
M O M N I A W E T O G Z Z M
I G N P V F Y R R M A E J I
G M J T E I F U G L E R Q N
R H N V I R S T E I N E T E
A V A N N N A G Q Q F A F R
S A N L S G E T B L G P P A
J L L U V B L N U N F D B L
O M I L J Ø P H T R L N E E
N C Q D R P Y F O R S K E R
```

BUKT	ISBREER
HVAL	ØYER
FORSKER	MIGRASJON
BEVARING	MINERALER
KONTINENT	FUGLER
VANN	HALVØY
MILJØ	STEINETE
GEOGRAFI	TEMPERATUR
IS	

70 - Professions #2

```
D E T E K T I V A I A P Z J
T A N N L E G E S N X U G O
K Z M A L E R F T G L R H U
I H H W E U R M R E G N B R
K N L Y G V C B O N A F I N
B F U Y E O W E N I R O B A
F O T O G R A F A Ø T R L L
F Z O O L O G G U R N S I I
K I P I L O T A T E E K O S
I L L U S T R A T Ø R E T T
R Æ K O P P F I N N E R E M
U R R L S W S X I Y S Q K Y
R E M B I O L O G J T O A M
G R H B O T F O D O N N R Y
```

ASTRONAUT

BIBLIOTEKAR

BIOLOG

FORSKER

KIRURG

TANNLEGE

DETEKTIV

LÆRER

ILLUSTRATØR

INGENIØR

OPPFINNER

GARTNER

JOURNALIST

LEGE

MALER

FILOSOF

FOTOGRAF

PILOT

ZOOLOG

71 - Les Abeilles

```
Z  W  S  C  D  B  H  D  P  O  L  L  E  N
I  F  W  P  G  I  A  R  L  B  M  Ø  O  F
I  W  O  A  A  K  B  O  A  L  A  K  Q  L
Y  Q  H  V  B  U  I  N  N  O  N  O  G  K
H  N  S  O  L  B  T  N  T  M  G  S  U  V
I  G  Q  V  N  E  A  I  E  S  F  Y  N  E
S  V  E  R  M  N  T  N  R  T  O  S  S  U
H  A  G  E  Ø  W  I  G  Z  E  L  T  T  E
M  T  R  E  Z  Y  G  N  V  R  D  E  I  C
Y  A  F  J  V  O  K  S  G  W  U  M  G  B
M  K  T  V  I  N  G  E  R  G  U  C  S  U
P  D  U  I  Z  R  F  H  C  D  Q  V  K  H
F  R  U  K  T  Z  B  L  O  M  S  T  R  E
I  N  S  E  K  T  S  B  B  G  B  Z  Y  R
```

VINGER	HABITAT
GUNSTIG	INSEKT
VOKS	HAGE
MANGFOLD	HONNING
SVERM	MAT
ØKOSYSTEM	PLANTER
BLOMSTRE	POLLEN
BLOMSTER	DRONNING
FRUKT	BIKUBE
RØYK	SOL

72 - Dinosaures

```
D  B  A  K  Y  V  Y  E  F  O  W  C  O  W
G  A  Y  Q  C  I  S  V  O  O  N  S  M  U
N  N  Y  T  D  N  B  O  S  K  T  D  N  G
K  P  L  H  T  G  L  L  S  D  C  V  I  R
D  L  G  X  E  E  K  U  I  Q  B  V  V  I
M  B  D  K  B  R  J  S  L  S  Q  Z  O  K
C  Y  S  J  G  R  Ø  J  E  X  L  U  R  R
F  O  R  H  I  S  T  O  R  I  S  K  E  A
H  M  A  A  R  T  T  N  P  E  J  N  Q  F
U  A  P  L  O  Y  E  K  K  V  P  Q  V  T
D  M  T  E  I  P  T  S  T  O  R  T  S  I
J  M  O  R  X  W  E  E  N  O  R  M  I  G
B  U  R  K  J  O  R  D  L  B  M  G  F  L
S  T  Ø  R  R  E  L  S  E  L  I  V  H  C
```

VINGER	FORHISTORISK
KJØTTETER	BYTTE
ART	KRAFTIG
ENORM	HALE
EVOLUSJON	RAPTOR
FOSSILER	REPTIL
STOR	STØRRELSE
MAMMUT	JORD
OMNIVORE	OND

73 - Conduite

```
M Y R P K Z G A S S G M O T
D R Q M P W U A M H S O C R
N O Y E O E K M R L G T L A
M Y Z M L D W F M A M O N N
K V Z E I D Z V O S S R D S
S K A R T B E D T T P J V P
V M Q G I V I O O E F K E O
L T U N N E L L R B N A I R
B R E M S E R L S I P I X T
F A V P P N H Z Y L R N M I
V F A R E U L Y K K E Q K O
D I T X P S I K K E R H E T
T K D T Q N B R E N S E L M
A K L I S E N S L E U B I M
```

ULYKKE   MOTOR
LASTEBIL   MOTORSYKKEL
BRENSEL   POLITI
KART   VEI
FARE   SIKKERHET
BREMSER   TRAFIKK
GARASJE   TRANSPORT
GASS   TUNNEL
LISENS   BIL

74 - Plantes

```
O U C A B Ø N N E D J B U P
Y E S K R O N B L A D D K Y
Z G V E G E T A S J O N A H
L L W F L O R A K O X E F Y
C I V A T U X L N M L G R M
B U S K O R K W R I Z Q U G
K A K T U S E I G B K Y N V
B L O M S T P J J U B K D I
H Ø G B Æ R M V Ø G R E S S
A V P E Q H E O D B E J L G
G V S M W S V K S X S W F J
E E F Ø Y A H S E E E O F M
Y R Q R I X L E L T M I T Q
S K R O T B A M B U S J J U
```

TRE	SKOG
BÆR	VOKSE
BAMBUS	BØNNE
BOTANIKK	GRESS
BUSK	HAGE
KAKTUS	EFØY
GJØDSEL	MOSE
LØVVERK	KRONBLAD
BLOMST	ROT
FLORA	VEGETASJON

75 - Ferme #2

```
A  P  V  M  L  X  B  O  N  D  E  D  V  W
T  K  L  V  A  N  N  I  N  G  Y  E  N  G
I  R  A  Å  X  T  M  E  L  K  O  R  N  B
U  U  M  L  V  S  A  U  H  Y  R  D  E  P
O  F  A  N  D  E  I  C  V  S  F  E  B  X
Z  V  K  T  M  L  W  B  E  T  R  T  B  X
W  F  Z  Y  E  I  E  I  T  W  U  A  L  I
G  R  Ø  N  N  S  A  K  E  T  K  L  T  V
W  U  C  Y  B  S  J  U  J  R  T  L  A  M
Z  K  Z  W  S  A  X  B  A  A  H  J  H  R
Y  T  F  B  Y  G  G  E  T  K  A  Q  B  G
Q  N  A  A  S  E  K  J  P  T  G  T  X  T
A  J  M  D  M  X  Z  A  Z  O  E  C  E  E
E  E  D  V  P  A  A  P  P  R  Q  Z  M  D
```

LAM	LAMA
BONDE	GRØNNSAK
DYR	KORN
HYRDE	SAU
HVETE	MAT
AND	BYGG
FRUKT	ENG
LÅVE	BIKUBE
VANNING	TRAKTOR
MELK	FRUKTHAGE

76 - École #1

```
K H L Y W Y U R E I S N I K
D K Æ K D M A K Y U V G E L
S K R I V E B O R D A F T A
Y R E L P X L M Z F R E T S
C W R I U I Y O A E P O O S
M J J W I W A R P P M N S E
Y Z L K Y Q N O E U P I G R
I T M E J X T G N P J E T O
N S E K S A M E N X A Q R M
B Ø K E R T D K E B Z P J P
V E N N E R O Y R M B K I S
N U M H B I B L I O T E K R
M A T T E A L F A B E T V I
C W L U N S J W Y E F G K A
```

ALFABET   MAPPER
VENNER   LÆRER
MORO   EKSAMEN
BIBLIOTEK   BØKER
SKRIVEBORD   MATTE
STOL   PAPIR
BLYANT   SVAR
PENNER   KLASSEROM
LUNSJ

77 - Vacances #2

```
S  H  A  H  S  M  R  F  E  R  I  E  R  T
S  T  O  G  A  W  E  N  B  L  D  W  E  R
I  E  R  T  J  V  I  S  U  M  C  V  S  A
E  L  O  A  E  E  S  T  O  K  A  R  T  N
H  T  S  X  N  L  E  Z  H  R  G  F  A  S
P  L  Ø  I  B  D  L  P  A  S  S  R  U  P
F  L  Y  P  L  A  S  S  E  N  J  I  R  O
D  E  S  T  I  N  A  S  J  O  N  T  A  R
R  M  B  Z  W  G  I  M  H  Q  B  I  N  T
F  D  E  E  I  Z  U  B  C  E  H  D  T  L
R  E  S  E  R  V  A  S  J  O  N  E  R  K
U  T  L  E  N  D  I  N  G  V  A  K  K  Q
V  L  C  A  M  P  I  N  G  U  A  Q  K  O
H  Y  C  J  K  R  U  C  A  X  K  U  M  P
```

FLYPLASSEN
CAMPING
KART
DESTINASJON
UTLENDING
HOTELL
ØY
FRITID
HAV
PASS

STRAND
RESTAURANT
RESERVASJONER
TAXI
TELT
TOG
TRANSPORT
FERIE
VISUM
REISE

78 - Outils

```
H  L  I  M  H  P  S  P  S  D  J  S  S  B
I  E  O  A  V  P  T  A  U  A  W  Y  T  A
O  O  R  M  S  T  I  F  T  Ø  K  S  I  R
B  O  R  S  M  C  G  E  L  Q  W  S  F  B
X  D  C  P  K  E  E  K  A  B  E  L  T  E
L  T  L  A  N  E  L  Q  Y  T  I  X  E  R
V  S  U  D  I  K  R  Y  M  M  H  R  M  H
B  O  M  E  V  L  K  E  K  U  J  E  A  Ø
C  F  H  I  M  T  S  D  R  T  U  J  S  V
M  I  H  D  I  P  C  Y  Z  A  L  D  K  E
H  A  M  M  E  R  V  Z  L  N  V  W  I  L
S  K  R  U  E  J  W  I  B  G  C  R  N  A
Q  Q  G  C  N  W  Q  J  L  K  M  C  W  I
Z  V  S  W  N  C  M  C  K  M  W  P  I  H
```

STIFT	HAMMER
STIFTEMASKIN	SPADE
KABEL	TANG
SAKS	BARBERHØVEL
LIM	HERSKER
TAU	HJUL
KNIV	LOMMELYKT
STIGE	SKRUE
ØKS	

79 - Temps

```
S  A  W  M  L  R  K  I  E  H  S  C  O  C
D  D  U  O  Å  S  A  G  T  M  I  F  V  F
H  N  V  R  J  N  L  Å  T  N  Å  B  E  X
I  E  F  G  A  A  E  R  E  D  A  G  U  I
X  D  Ø  E  Q  R  N  D  R  N  O  T  W  Z
I  J  R  N  M  T  D  M  G  G  R  U  L  V
T  W  G  A  U  K  E  Y  C  E  U  K  N  J
O  M  C  T  D  Å  R  L  I  G  H  E  S  P
A  L  N  T  S  F  R  E  M  T  I  D  K  M
T  F  C  R  T  Å  R  H  U  N  D  R  E  I
B  I  T  M  I  D  D  A  G  S  T  I  D  N
Q  G  M  C  Å  U  M  W  I  K  N  N  Q  U
B  L  I  E  R  K  L  O  K  K  E  Z  O  T
E  C  Y  S  U  J  Y  K  R  W  J  D  X  T
```

ÅR	KLOKKE
ÅRLIG	DAG
ETTER	NÅ
FØR	MORGEN
SNART	MIDDAGSTID
KALENDER	MINUTT
TIÅR	MÅNED
FREMTID	NATT
TIME	UKE
I GÅR	ÅRHUNDRE

80 - Maison

```
G  I  G  X  Q  C  D  P  A  K  E  B  N  V
G  J  K  J  Ø  K  K  E  N  M  A  I  O  G
V  A  E  U  R  O  P  I  B  M  M  B  V  A
P  Q  R  R  X  S  A  S  P  E  I  L  I  R
W  Z  L  A  D  T  E  P  P  E  L  I  N  D
Y  W  C  W  S  E  H  V  Q  E  A  O  D  I
L  O  F  T  N  J  I  A  R  R  M  T  U  N
V  G  X  C  T  X  E  L  G  R  P  E  S  E
E  N  O  C  V  V  P  V  M  E  E  K  T  R
G  Ø  A  J  S  A  Q  M  S  G  C  C  A  T
G  K  J  E  L  L  E  R  V  T  V  H  K  Y
F  L  W  Q  C  G  K  C  Z  M  S  R  C  N
B  E  J  Z  J  D  U  S  J  X  Y  G  J  I
F  R  V  Q  D  D  Ø  R  O  M  A  Q  Y  R
```

KOST	LOFT
BIBLIOTEK	HAGE
ROM	LAMPE
PEIS	SPEIL
NØKLER	VEGG
GJERDE	DØR
KJØKKEN	GARDINER
DUSJ	KJELLER
VINDU	TEPPE
GARASJE	TAK

81 - Légumes

```
S  O  L  Ø  K  H  Q  S  O  B  S  D  J  J
A  P  L  B  F  A  R  T  I  S  J  O  K  K
G  E  I  I  Q  W  L  N  H  Y  Y  P  P  U
U  S  U  N  V  G  R  E  S  S  K  A  R  P
R  M  H  G  A  E  Y  P  A  P  A  S  E  B
K  Y  V  E  D  T  N  E  L  E  U  J  D  R
W  G  I  F  O  P  S  R  A  R  B  A  D  O
C  R  T  Æ  Z  W  E  T  T  S  E  L  I  K
G  U  L  R  O  T  L  O  E  I  R  O  K  K
Q  N  Ø  F  M  V  L  M  Q  L  G  T  C  O
X  O  K  O  W  C  E  A  L  L  I  T  P  L
R  D  A  J  R  O  R  T  I  E  N  L  E  I
A  U  E  B  I  T  I  H  R  I  E  Ø  C  X
J  U  T  C  D  V  X  P  Y  S  I  K  Y  C
```

HVITLØK	SPINAT
ARTISJOKK	INGEFÆR
AUBERGINE	NEPE
BROKKOLI	LØK
GULROT	OLIVEN
SELLERI	PERSILLE
SOPP	ERT
GRESSKAR	REDDIK
AGURK	SALAT
SJALOTTLØK	TOMAT

82 - Famille

```
B W S B K F R V T Q M F K B
E K T E M A N N I E S E A A
S T V S S D B A R N D O M R
T F E T T E R T O M K R O N
E L U E A R O A J N O L R D
F V P M M L R N I U K R P U
A Z U O F I R T G K N E S N
R Z L R A G X E E E E Z L M
T O L S R T W H S F B H K Q
C U I D A C C M Ø D G L O H
E B O E G D R S S S B C N K
N E V Ø F H D A T T E R E E
E U H V B A R N E B A R N U
X E I L J T X Z R W X R Q R
```

STAMFAR	MORS
FETTER	MOR
BARNDOM	NEVØ
BARN	NIESE
KONE	ONKEL
DATTER	FADERLIG
BROR	BARNEBARN
BESTEMOR	FAR
BESTEFAR	SØSTER
EKTEMANN	TANTE

83 - Oiseaux

```
P E L I K A N D U E M A F M
W G Å S V A N E N S P M T F
H G F M Z J W D U P C F G F
F L A M I N G O E U N T U I
K Y L L I N G P M R Y I N D
S T R U T S R I Å V Q P V D
K T P M A W O N K F K H A E
O C O S Q T I G E S U E K T
T E Z R A V N V J X Z G Q O
I V E Z K S I I F M I R L U
R O L Ø R N R N C L O E S C
G J Ø K P A P E G Ø Y E E A
V N H S Z A C Z G U T C O N
I N R Q J D I R K T W R R N
```

ØRN	PINGVIN
STRUTS	SPURV
AND	MÅKE
STORK	EGG
DUE	GÅS
RAVN	PÅFUGL
GJØK	PAPEGØYE
SVANEN	PELIKAN
FLAMINGO	KYLLING
HEGRE	TOUCAN

84 - Disciplines Scientifiques

```
A  S  T  R  O  N  O  M  I  L  T  J  R  B
M  E  T  E  O  R  O  L  O  G  I  J  A  O
M  I  N  E  R  A  L  O  G  I  N  S  U  T
W  W  K  F  C  V  G  E  O  L  O  G  I  A
K  P  S  Y  K  O  L  O  G  I  B  O  B  N
A  J  L  I  N  G  V  I  S  T  I  K  K  I
R  T  E  R  M  O  D  Y  N  A  M  I  K  K
K  A  S  M  E  K  A  N  I  K  K  K  R  K
E  P  N  B  I  O  K  J  E  M  I  S  O  G
O  G  W  A  I  M  M  U  N  O  L  O  G  I
L  M  M  J  T  S  O  S  I  O  L  O  G  I
O  F  Y  S  I  O  L  O  G  I  F  I  M  K
G  G  L  L  F  N  M  Ø  K  O  L  O  G  I
I  L  S  J  J  S  B  I  O  L  O  G  I  J
```

ANATOMI	IMMUNOLOGI
ARKEOLOGI	LINGVISTIKK
ASTRONOMI	MEKANIKK
BIOKJEMI	METEOROLOGI
BIOLOGI	MINERALOGI
BOTANIKK	FYSIOLOGI
KJEMI	PSYKOLOGI
ØKOLOGI	SOSIOLOGI
GEOLOGI	TERMODYNAMIKK

85 - Émotions

```
K  J  E  D  S  O  M  H  E  T  T  O  V  F
F  J  H  F  R  E  D  B  U  Z  A  V  E  L
X  L  Æ  O  R  L  L  V  K  A  K  E  N  A
F  K  P  R  V  O  Z  X  Y  K  K  R  N  U
Q  F  R  N  L  F  U  H  U  O  N  R  L  G
E  I  H  Ø  E  I  S  I  N  N  E  A  I  I
R  N  U  Y  T  P  G  A  S  M  M  S  G  C
G  N  A  D  T  Ø  M  H  E  T  L  K  H  F
R  H  S  T  E  F  G  Z  E  J  I  E  E  L
E  O  Y  A  L  R  M  C  Z  T  G  L  T  H
A  L  L  K  S  Y  M  P  A  T  I  S  K  W
R  D  I  I  E  K  G  L  E  D  E  E  Z  C
G  B  X  F  G  T  R  I  S  T  H  E  T  Q
U  M  A  V  S  L  A  P  P  E  T  F  L  L
```

KJÆRLIGHET	FRYKT
ROLIG	TAKKNEMLIG
SINNE	LETTELSE
INNHOLD	FORNØYD
AVSLAPPET	OVERRASKELSE
FLAU	SYMPATI
KJEDSOMHET	ØMHET
VENNLIGHET	RO
GLEDE	TRISTHET
FRED	

86 - Géographie

```
V  H  L  L  K  U  F  O  P  M  F  J  I  Z
E  A  B  I  S  R  K  G  E  S  Q  C  R  B
R  V  T  J  X  I  O  R  O  X  Ø  Q  H  J
D  L  H  L  L  E  N  G  D  E  G  R  A  D
E  A  A  Ø  A  D  T  G  A  W  X  E  B  Y
N  N  L  Y  T  S  I  F  I  W  E  G  R  M
W  D  V  E  S  T  N  F  X  J  O  I  E  S
Q  L  K  A  R  T  E  U  J  L  B  O  D  L
P  O  U  N  W  Y  N  I  L  E  I  N  D  W
R  G  L  O  I  W  T  L  S  L  L  V  E  B
N  M  E  R  I  D  I  A  N  J  K  L  G  X
H  Ø  Y  D  E  K  I  B  Q  T  G  E  R  X
Q  M  T  Y  T  Q  T  P  W  T  Z  L  A  W
T  E  R  R  I  T  O  R  I  U  M  V  D  A
```

HØYDE	MERIDIAN
ATLAS	VERDEN
KART	FJELL
KONTINENT	NORD
ELV	VEST
HALVKULE	LAND
ØY	REGION
BREDDEGRAD	SØR
LENGDEGRAD	TERRITORIUM
HAV	BY

87 - Danse

```
T V S U L C K K K T H G R K
R I A T W F U U R K O Ø Y U
A S M T Z K L N O O L V T L
D U B R G N T S P R D I M T
I E O Y F Å U T P E N N E U
S L E K Ø D R N J O I G N R
J L R K L E E T G N G R X
O F N S E M L L B R G L P G
N H L F L N L A K A D E M I
E O Y U S C M S G F Z D M V
L P T L E L N S W I K E R A
L P Z L W L P I D S D L J U
B E V E G E L S E S K I J M
M U S I K K M K G R T G M W
```

AKADEMI
KUNST
KOREOGRAFI
KLASSISK
KROPP
KULTUR
KULTURELL
UTTRYKKSFULL
FØLELSE
NÅDE

GLEDELIG
BEVEGELSE
MUSIKK
SAMBOER
HOLDNING
ØVING
RYTME
HOPPE
TRADISJONELL
VISUELL

88 - Bâtiments

```
A G S U P E R M A R K E D T
L M A O X N V G L S Z J T E
A U B R H I T R E K V L L A
B N M A A N N X I O Y S J T
O I U N S S L V L L K A C E
R V S F T S J K I E R I N R
A E E S A I A E G T R H N H
T R U F D Q A D H Y T T E O
O S M S I L Å V E J R N O T
R I I L O G E W T Å R N J E
I T I O N S Y K E H U S V L
U E G T Y D A H L L P M V L
M T I T V N O B T I S Z P U
I O B S E R V A T O R I U M
```

AMBASSADE	LABORATORIUM
LEILIGHET	MUSEUM
HYTTE	OBSERVATORIUM
SLOTT	STADION
KINO	SUPERMARKED
SKOLE	TELT
GARASJE	TEATER
LÅVE	TÅRN
SYKEHUS	UNIVERSITET
HOTELL	

89 - Pêche

```
K G J C B E X G D U L I R M
R U J Z C C A F I T E L V J
O X R E B L T G N S D D B D
K M N V L U E S N T N N L Q
O L V S C L Q I S Y I Q Z N
K J E V E I E E J R N H W Q
K O K B H B C R Ø Y G C S V
V P T Å L M O D I G H E T A
Å R S T I D V Z F P A C R N
Z P R B Q V D S B N V W A N
O V E R D R I V E L S E N G
R Z Z P H X A O B F Q T D Z
O T H S R L B D Q X F X H P
P R M K I B Q G M E W O K S
```

AGN	ELV
BÅT	INNSJØ
GJELLER	KJEVE
KROK	HAV
KOKK	KURV
VANN	TÅLMODIGHET
OVERDRIVELSE	STRAND
UTSTYR	VEKT
LEDNING	ÅRSTID

90 - Activités et Loisirs

```
H  K  V  J  D  P  J  A  G  T  G  C  H  A
A  U  O  U  D  V  F  H  V  G  O  A  R  V
G  N  L  X  L  A  B  A  U  V  L  M  E  S
E  S  L  D  Y  K  K  I  N  G  F  P  I  L
A  T  E  N  N  I  S  T  U  N  H  I  S  A
R  K  Y  F  O  T  T  U  R  E  R  N  E  P
B  Z  B  B  O  K  S  I  N  G  M  G  S  P
E  O  A  H  F  T  W  U  P  E  A  F  H  E
I  B  L  X  E  N  B  E  X  I  L  I  O  N
D  N  L  E  G  M  T  A  H  B  E  S  P  D
B  A  S  K  E  T  B  A  L  L  R  K  P  E
S  V  Ø  M  M  I  N  G  O  L  I  E  I  X
P  X  T  G  F  G  F  S  U  R  F  I  N  G
B  A  S  E  B  A  L  L  R  D  P  V  G  J
```

SHOPPING	MALERI
KUNST	FISKE
BASEBALL	DYKKING
BASKETBALL	FOTTURER
BOKSING	AVSLAPPENDE
CAMPING	SURFING
FOTBALL	TENNIS
GOLF	VOLLEYBALL
HAGEARBEID	REISE
SVØMMING	

91 - Livres

```
H U M O R I S T I S K X G O
Q Q H I S T O R I S K P B Q
I F I O P P F I N N S O M C
L N S A K T U E L L O E C T
D P T B G K O N T E K S T E
U F O R T E L L E R G I M H
A O R L E P E S A M L I N G
L R I I V I S S D I K T K I
I F E T E S E U E R O M A N
T A J T N K R U A R U U A S
E T A E T D L P F J I E U I
T T P R Y F D O E J M E Z D
O E N Æ R Q J S X H E G P E
F R T R A G I S K T T X Q N
```

FORFATTER	LESER
EVENTYR	LITTERÆR
SAMLING	FORTELLER
KONTEKST	SIDE
DUALITET	AKTUELL
EPISK	DIKT
HISTORIE	POESI
HISTORISK	ROMAN
HUMORISTISK	SERIE
OPPFINNSOM	TRAGISK

92 - Pays #2

```
B I F B Y H E R E C J R K Y
W B L J R J A P A N D U E I
I R L A N D E I H C C S N O
L J S E K T J V T H P S Y V
S P A K I S T A N I C L A I
S Y N S N V P L Y I Z A G N
J N R Z A M L B N G J N L D
M E X I C O K A U Z A D H O
L L I B A N O N R G M G W N
Q C L A O S A I P G A K M E
D A N M A R K A H J I N G S
K G U K R A I N A Q C N D I
S O M A L I A S U D A N J A
G N P F R A N K R I K E Y X
```

ALBANIA	LAOS
KINA	LIBANON
DANMARK	MEXICO
FRANKRIKE	UGANDA
HAITI	PAKISTAN
INDONESIA	RUSSLAND
IRLAND	SOMALIA
JAMAICA	SUDAN
JAPAN	SYRIA
KENYA	UKRAINA

93 - Fournitures d'Art

```
A  S  T  A  F  F  E  L  I  H  K  S  I  P
B  K  S  T  B  B  L  E  K  K  R  U  I  C
L  A  V  M  B  S  T  O  L  T  E  V  L  I
Y  M  Q  A  Ø  T  U  U  D  P  A  B  E  L
A  E  V  L  R  A  L  I  M  W  T  T  E  V
N  R  Y  I  S  E  O  X  M  G  I  P  F  M
T  A  I  N  T  Z  L  N  T  K  V  A  N  N
E  U  J  G  E  Y  J  L  K  B  I  P  S  N
R  M  F  A  R  G  E  R  E  O  T  I  V  C
Z  M  A  B  X  U  L  E  I  R  E  R  Y  B
V  I  S  K  E  L  Æ  R  D  D  T  P  H  R
F  K  I  N  R  C  J  Q  E  Y  D  X  A  Z
O  L  B  J  S  Y  Q  I  E  L  L  B  X  W
C  S  E  N  B  U  L  F  R  J  H  Z  D  A
```

AKRYL	BLYANTER
AKVARELLER	KREATIVITET
LEIRE	VANN
BØRSTER	BLEKK
KAMERA	VISKELÆR
STOL	OLJE
KULL	IDEER
STAFFELI	PAPIR
LIM	MALING
FARGER	BORD

94 - Jouets

```
B  Å  T  O  I  V  W  E  L  N  N  W  D  S
Ø  J  Y  O  I  T  M  P  D  O  E  D  U  J
K  V  F  R  G  L  A  S  T  E  B  I  L  A
E  U  L  G  X  Z  H  Å  N  D  V  E  R  K
R  B  V  K  R  U  R  L  J  U  R  P  J  K
P  A  A  T  V  A  V  Q  X  K  C  A  P  L
H  I  S  L  K  S  S  Y  K  K  E  L  G  T
R  D  S  O  L  P  E  F  R  E  C  E  T  E
F  A  V  O  R  I  T  T  O  B  H  I  R  R
L  Y  H  N  K  L  B  H  B  I  H  R  O  A
Y  U  N  E  G  L  S  V  O  L  G  E  M  F
F  A  N  T  A  S  I  Q  T  N  T  M  M  H
F  A  R  G  E  S  T  I  F  T  E  R  E  K
P  U  S  L  E  S  P  I  L  L  H  G  R  B
```

LEIRE	FANTASI
HÅNDVERK	SPILL
FLY	BØKER
BALL	DUKKE
BÅT	PUSLESPILL
LASTEBIL	ROBOT
DRAGE	TROMMER
FARGESTIFTER	TOG
SJAKK	SYKKEL
FAVORITT	BIL

95 - Eau

```
B F R G S T V A N N I N G S
Ø U F E J O N S E T N G R O
L K O V G E S E G N N G D P
G T R L C N N S N Ø S E A D
E I D U S J M N Q P J Y M F
R G A M E K N M O K Ø S P U
Z D M O F L O M R M G I Z K
K E P N R G V G K R V R C T
I J N S O Q E B A K E Å K I
V V I U S I M W N L G Z T G
B Y N N T O H J H P T H C H
F W G D B K A N A L I S Z E
I J W I V Q V N M L J T A T
V I Z B S J D I D S B B U Y
```

KANAL	VANNING
DUSJ	INNSJØ
FORDAMPNING	MONSUN
ELV	SNØ
FROST	HAV
GEYSIR	ORKAN
IS	REGN
FUKTIG	GJENNOMVÅT
FUKTIGHET	BØLGER
FLOM	DAMP

96 - Paysages

```
O A S E S C L M J F W T U H
Y V F L U K B N R U K U I E
E U A N M Z P R H D F N A L
E L P I P S T R A N D D P V
C K M C I H A L V Ø Y R L E
C A E D N Å F J E L L A S M
E N N E N R S Q P I W R F U
R F L L S U Q I F Ø R K E N
T G M V J P Q S C O W W D N
I B M G Ø Y J F G O S V D I
I S B R E H S J S W L S X N
T W M S V R U E U U H S N G
V Y P Z N D A L C S E Y M E
G E Y S I R V L E K O E K N
```

FOSS	INNSJØ
ÅS	SUMP
ØRKEN	HAV
ELVEMUNNINGEN	FJELL
ELV	OASE
GEYSIR	HALVØY
ISBRE	STRAND
HULE	TUNDRA
ISFJELL	DAL
ØY	VULKAN

97 - Nombres

```
F  D  W  E  E  H  W  C  E  K  B  W  C  H
I  E  N  X  X  F  V  K  J  X  Q  B  V  Z
R  S  M  U  A  U  N  D  U  Q  K  V  Y  U
E  I  A  T  S  Y  T  T  E  N  U  L  L  T
K  M  R  P  E  Z  H  Q  B  I  N  R  J  J
F  A  A  Q  K  N  B  Q  A  T  I  Q  T  U
O  L  X  G  S  P  K  M  U  T  W  T  O  E
H  Y  D  X  F  E  M  T  V  E  P  R  L  D
I  X  S  U  J  U  Y  R  W  N  W  E  V  U
I  I  A  X  O  B  B  U  W  P  C  T  R  G
Z  S  Y  V  R  Å  T  T  E  J  O  T  P  H
L  P  J  P  T  L  I  O  M  H  O  E  U  M
C  T  X  R  E  R  A  T  T  E  N  N  G  N
P  I  F  Z  N  S  E  K  S  T  E  N  F  V
```

FEM	FJORTEN
TO	FIRE
DESIMAL	FEMTEN
TI	SEKSTEN
ATTEN	SYV
NITTEN	SEKS
SYTTEN	TRETTEN
TOLV	TRE
ÅTTE	TJUE
NI	NULL

98 - Nature

```
F  R  E  D  E  L  I  G  R  O  L  I  G  S
V  Y  G  O  I  I  A  D  O  V  V  J  R  Q
S  M  Q  V  S  J  L  O  C  I  I  L  W  K
D  Z  V  B  B  B  I  E  R  L  K  O  M  B
N  Y  N  M  R  W  V  C  Y  L  T  I  Q  S
H  L  N  G  E  D  Y  R  R  Z  I  P  I  K
T  E  H  A  R  K  T  I  S  K  G  T  J  J
Å  L  L  T  M  V  R  F  K  L  N  H  H  Ø
K  L  Y  L  R  I  H  F  Y  Ø  R  K  E  N
E  I  Q  E  I  O  S  K  E  V  G  U  Q  N
P  G  S  I  X  G  P  K  R  V  N  A  A  H
A  X  K  W  P  Y  D  I  B  E  L  Z  H  E
E  R  O  S  J  O  N  O  S  R  K  Q  T  T
I  E  G  U  W  E  L  V  M  K  Y  H  O  B
```

BIER	ELV
LY	SKOG
DYR	ISBRE
ARKTISK	SKYER
SKJØNNHET	FREDELIG
TÅKE	HELLIGDOM
ØRKEN	VILL
DYNAMISK	ROLIG
EROSJON	TROPISK
LØVVERK	VIKTIG

99 - Bateaux

```
M A N N S K A P F L Å T E N
R A H H A V F H E L V Q Y A
B E H O N Z L M R B Ø Y E U
S Ø L D K X J A J Q D K J T
O J L W E J O S E F B L P I
I H Ø G R T L T M Y J Z B S
O H Z M E N J I A Q K F A K
N J S U A R O D R Y A C H T
M Y I I E N U E I N N S J Ø
O R C U A Y N V T K A N O C
T K A J A K K A I H T A L P
O Y Y S E T N N M T F B A Q
R X E B C Q K N F G A B W D
S E I L B Å T F K H R U Z H
```

ANKER   SJØMANN
BØYE   MARITIM
KANO   MAST
TAU   HAV
MANNSKAP   MOTOR
FERJE   NAUTISK
ELV   FLÅTE
KAJAKK   BØLGER
INNSJØ   SEILBÅT
TIDEVANN   YACHT

100 - Mesures

```
B D U D B Q M D N Q K W M L
Z Y I G R A M E Z Z R J I E
L B T R E M G S O W O O N N
B D H E D V Z I T O N N U G
Z E Z C D K H M E T E R T D
U N S E E I I A R T R V T E
P S A N L L A L P O V O M L
K X Q T L O F L O M U L A Z
N L D I I I Z Q C M R U S M
V A Q M N T T R X E E M S I
E D H E O L N E G G V T E F
K T I T J L T Q R I A U E C
T S M E R P D S A K I U F R
V Z K R V H Ø Y D E I U N T
```

CENTIMETER	MASSE
GRAD	METER
DESIMAL	MINUTT
GRAM	BYTE
HØYDE	UNSE
KILO	VEKT
KILOMETER	TOMME
BREDDE	DYBDE
LITER	TONN
LENGDE	VOLUM

1 - Été

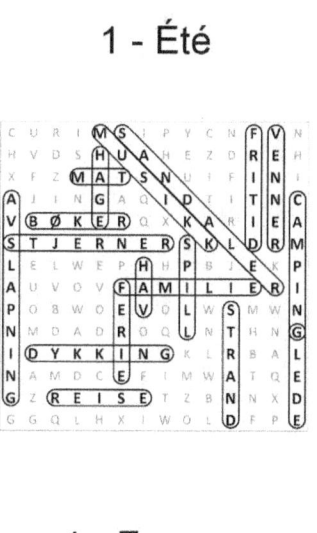

2 - Adjectifs #2

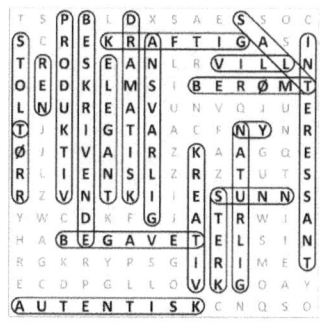

3 - Exploration

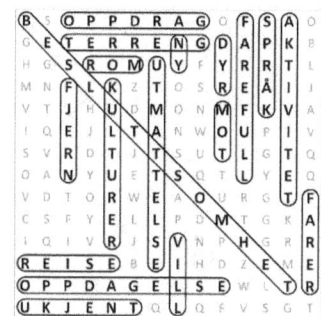

4 - Formes

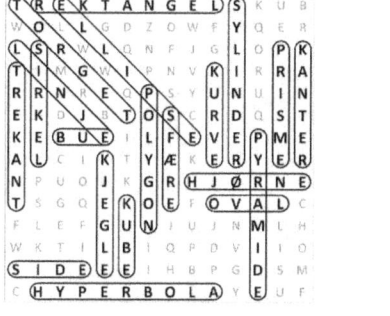

5 - Adjectifs #1

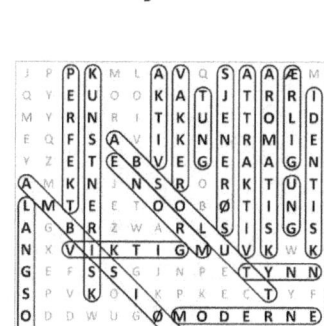

6 - Instruments de Musique

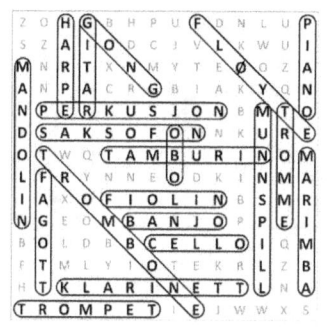

7 - Échecs

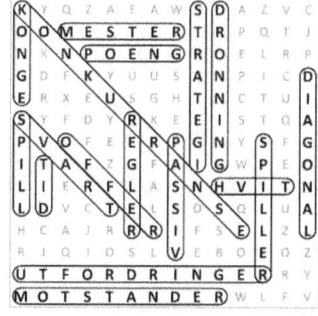

8 - Herboristerie

9 - Véhicules

10 - Camping

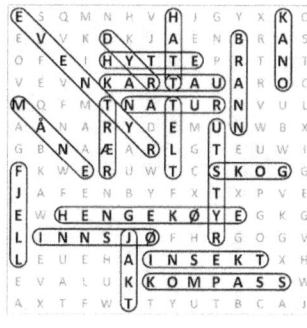

11 - Conservation

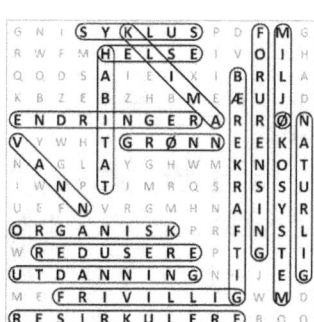

12 - Écologie

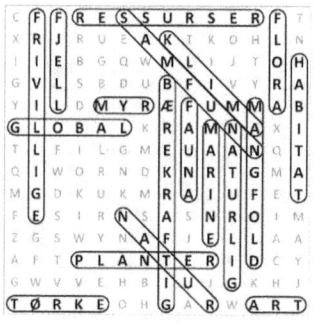

13 - Astronomie

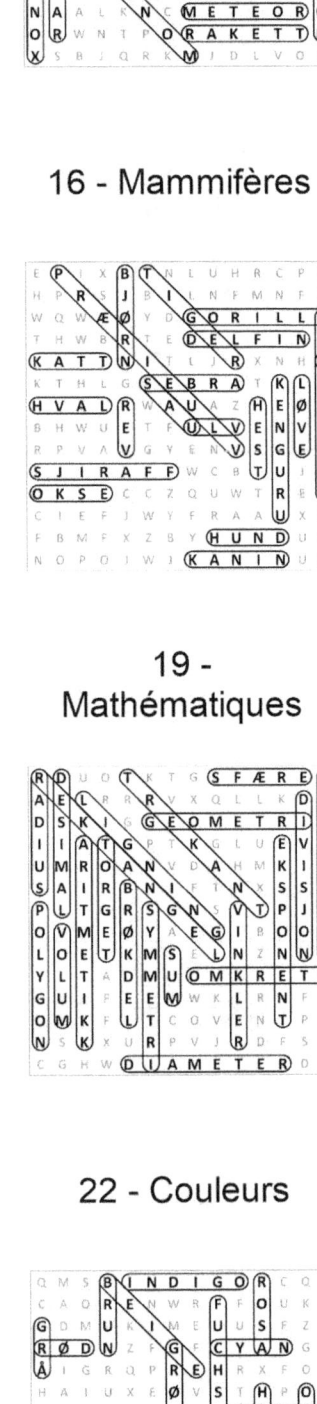

14 - Types de Cheveux

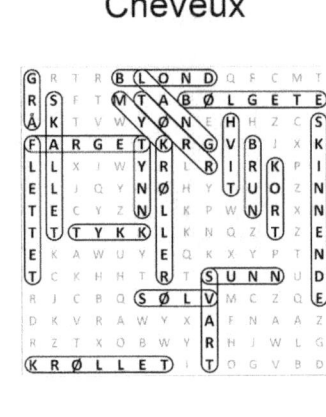

15 - Restaurant #1

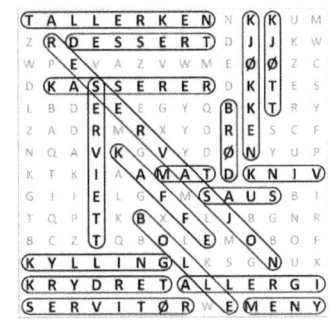

16 - Mammifères

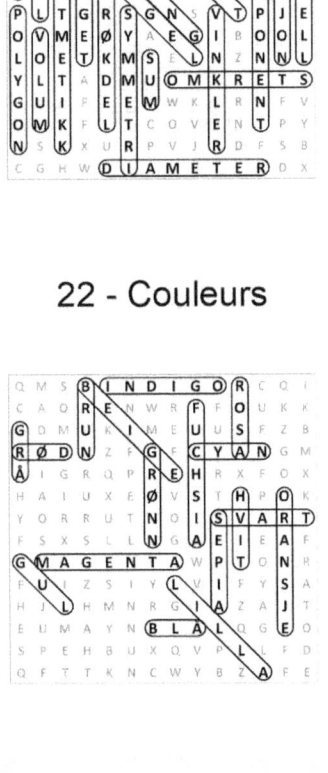

17 - Sports

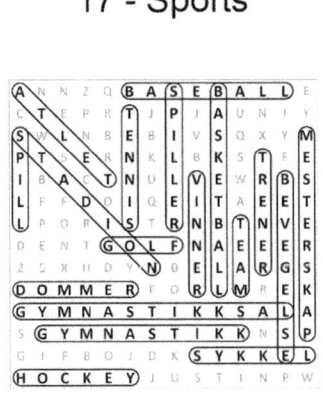

18 - Chocolat

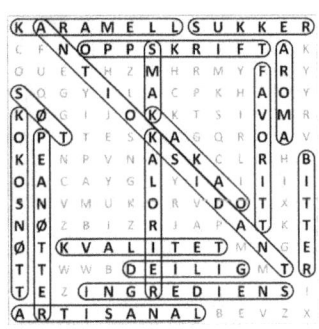

19 - Mathématiques

20 - Mythologie

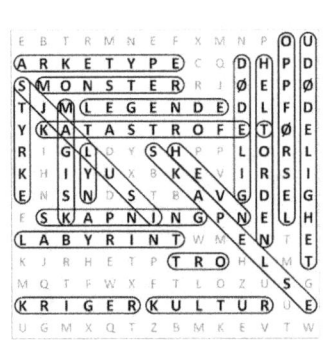

21 - Restaurant #2

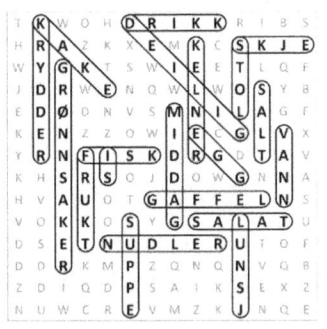

22 - Couleurs

23 - Avions

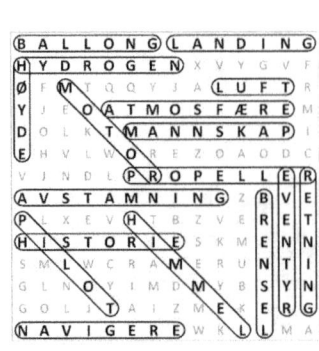

24 - Aventure

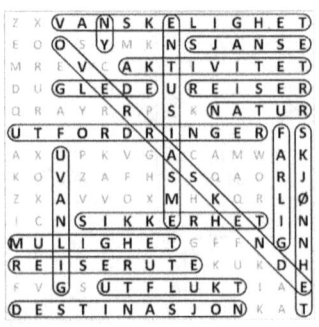

25 - Ville

26 - Cuisine

27 - Corps Humain

28 - Épices

29 - Science

30 - Chats

31 - Vêtements

32 - Arts Visuels

33 - Méditation

34 - Littérature

35 - Nourriture #1

36 - Jours et Mois

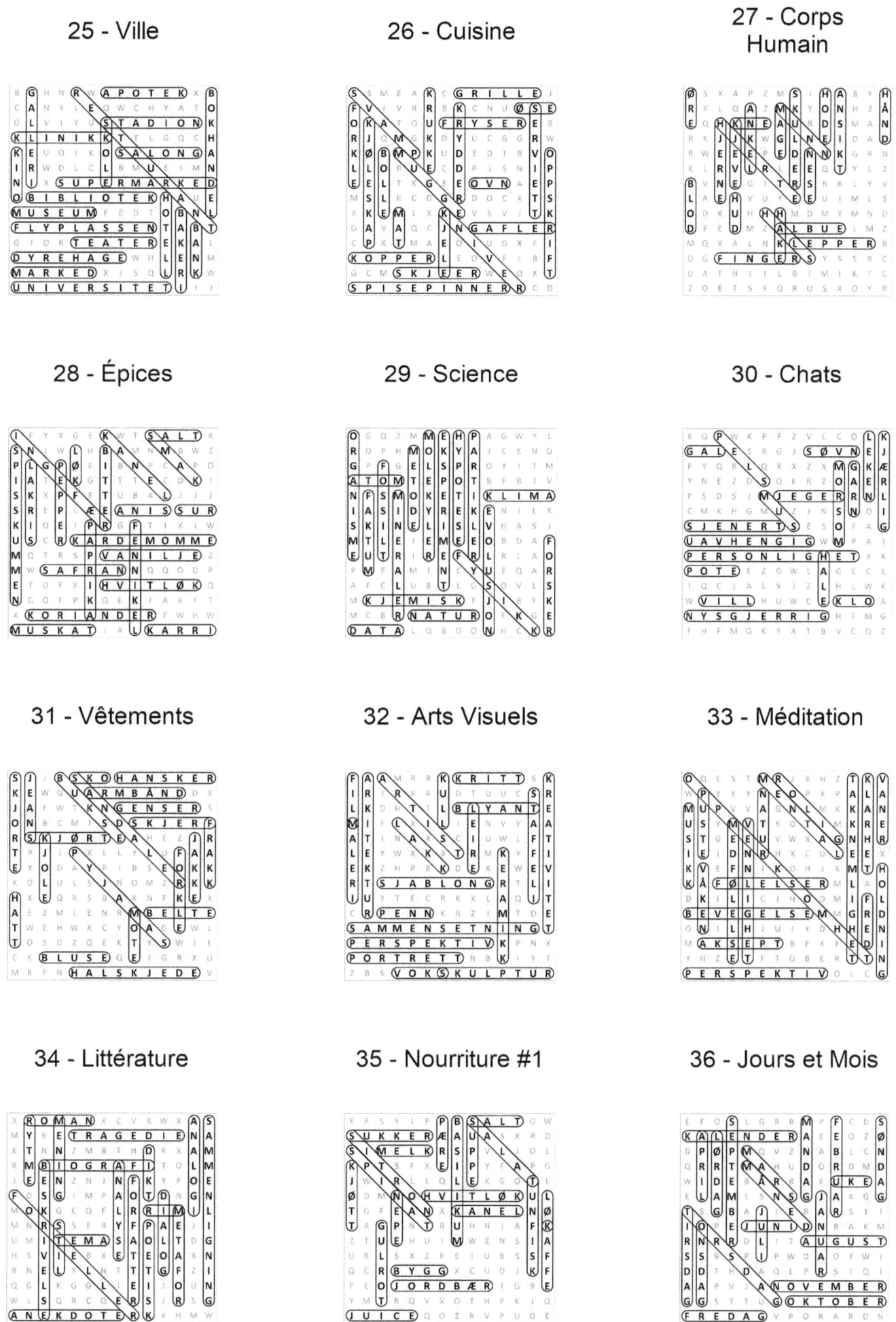

37 - Championnat

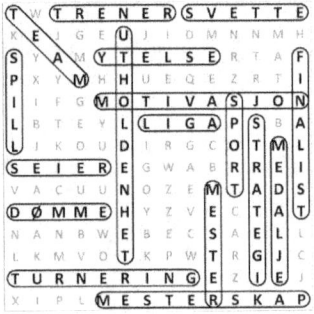

38 - Pirates

39 - Activités

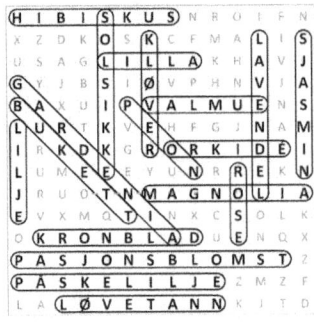

40 - Fleurs

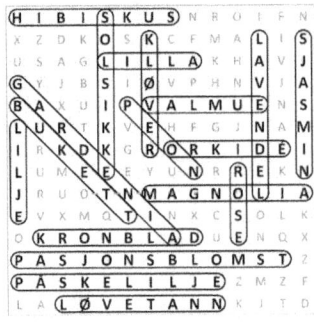

41 - Nourriture #2

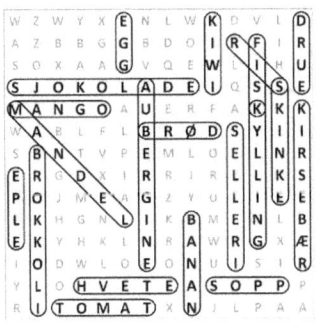

42 - Sons

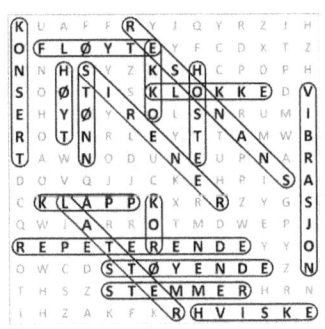

43 - Océan

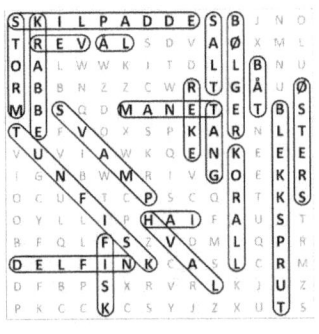

44 - Remplir

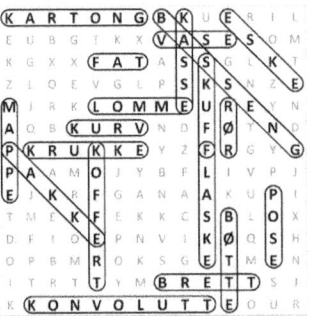

45 - Ballet

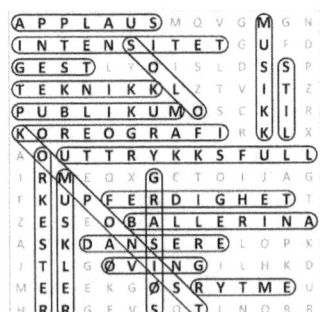

46 - Fruit

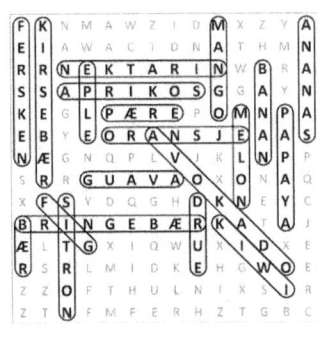

47 - Surf

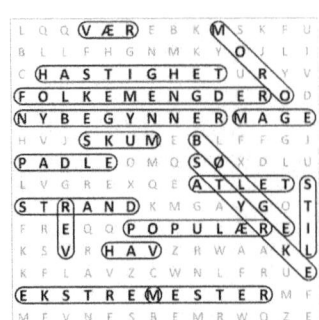

48 - Technologie

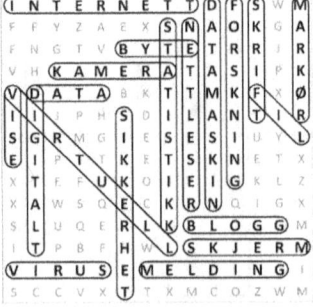

49 - Météo

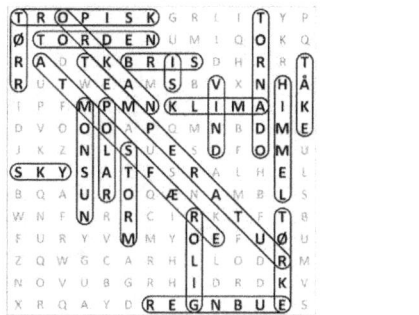

50 - Châteaux

51 - Randonnée

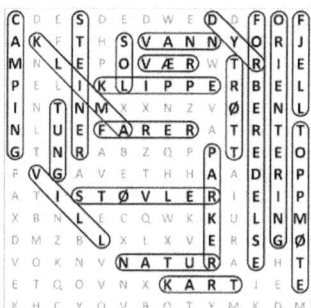

52 - Meubles

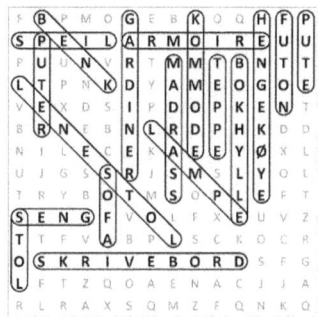

53 - Art

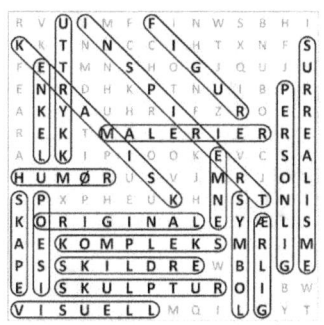

54 - Nutrition

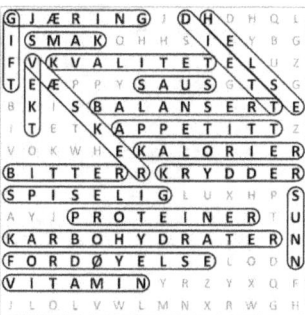

55 - Science Fiction

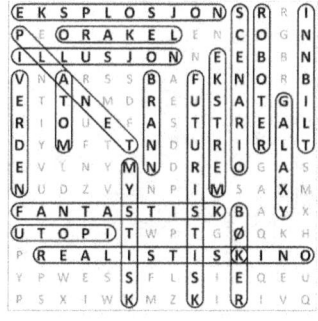

56 - Vertus #1

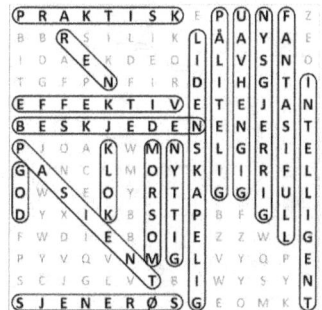

57 - Professions #1

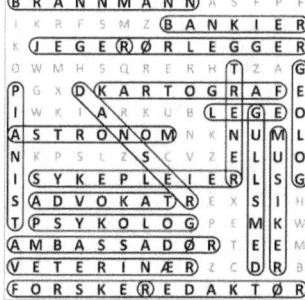

58 - Géologie

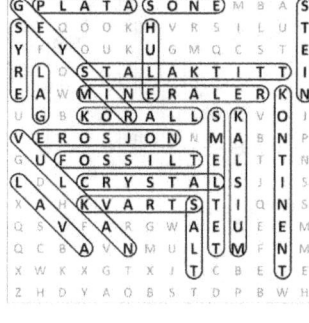

59 - Cirque

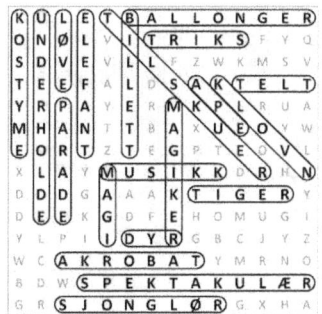

60 - Jardin

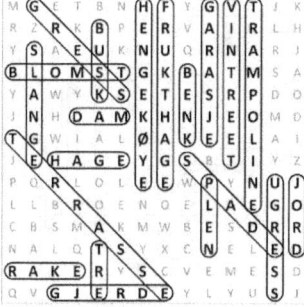

61 - Barbecues

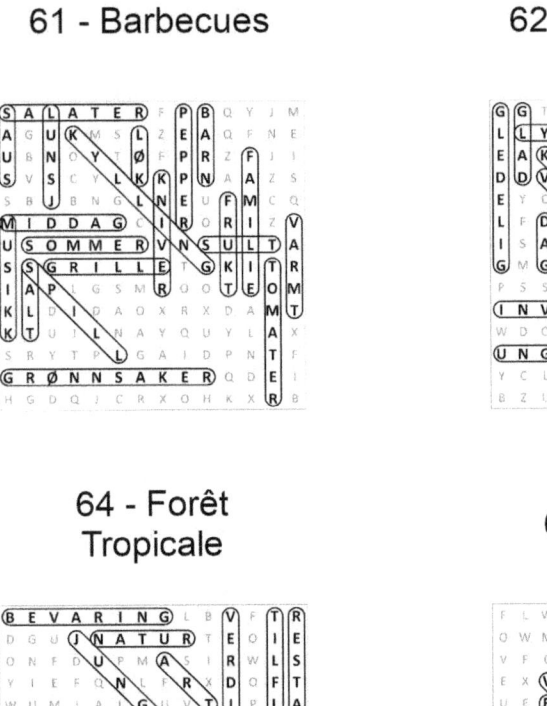

62 - Anniversaire

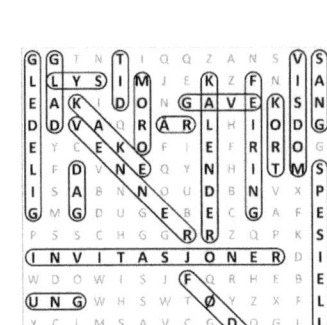

63 - Animaux de Compagnie

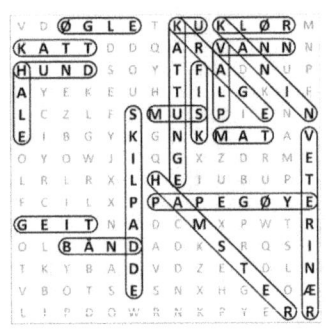

64 - Forêt Tropicale

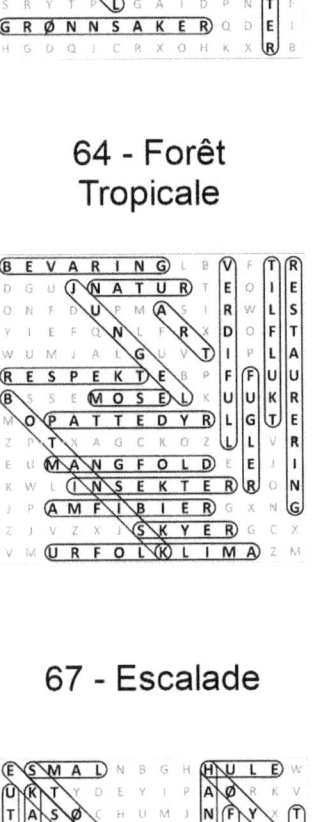

65 - Insectes

66 - Ferme #1

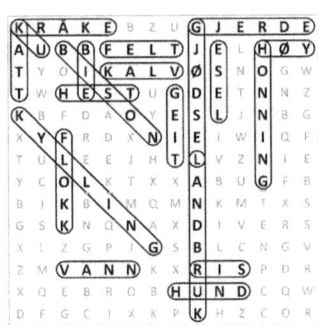

67 - Escalade

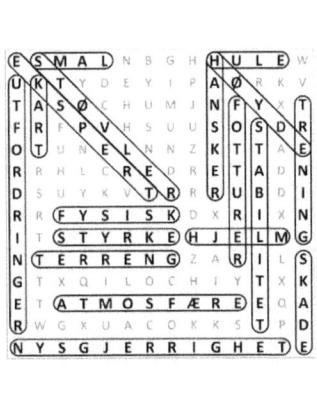

68 - École #2

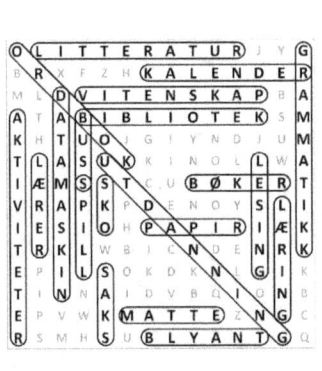

69 - Antarctique

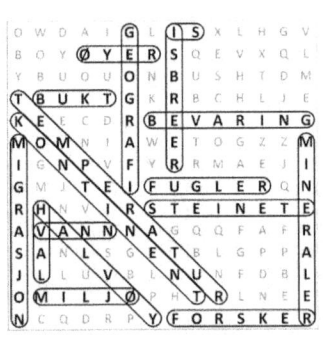

70 - Professions #2

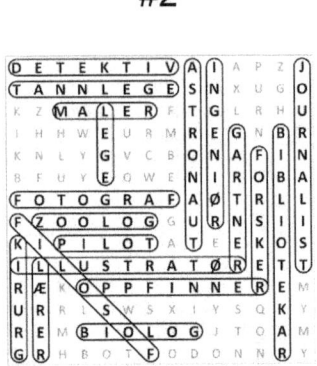

71 - Les Abeilles

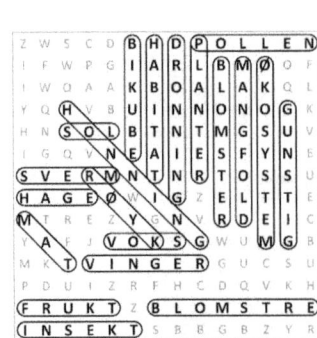

72 - Dinosaures

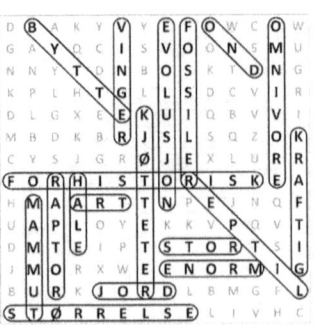

73 - Conduite

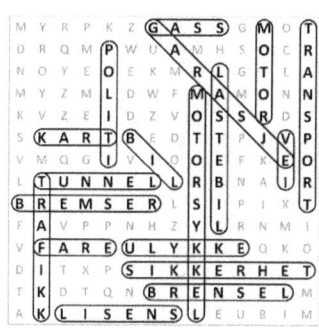

74 - Plantes

75 - Ferme #2

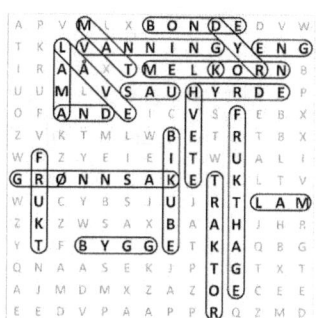

76 - École #1

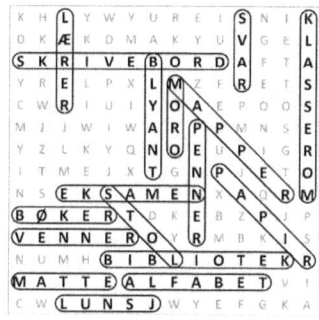

77 - Vacances #2

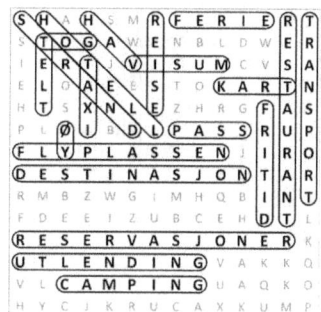

78 - Outils

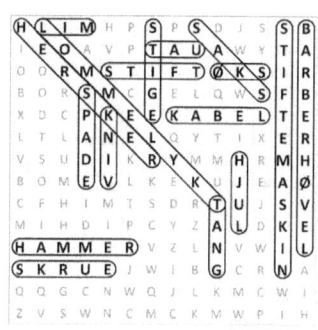

79 - Temps

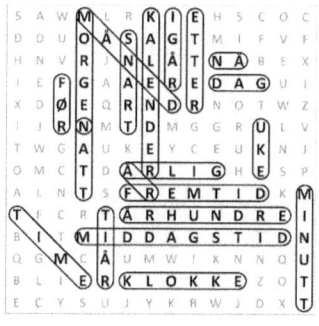

80 - Maison

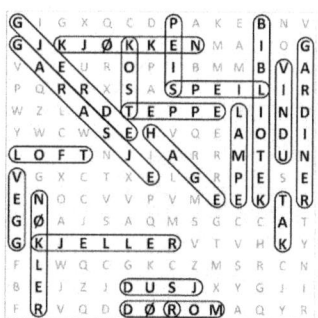

81 - Légumes

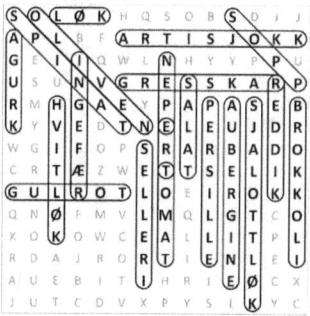

82 - Famille

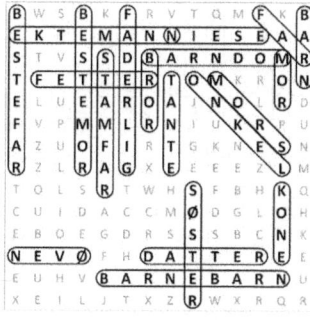

83 - Oiseaux

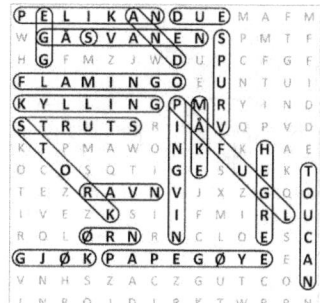

84 - Disciplines Scientifiques

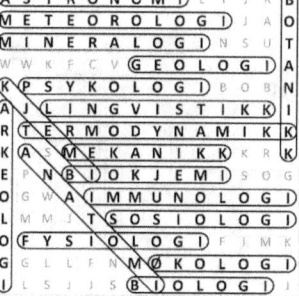

85 - Émotions

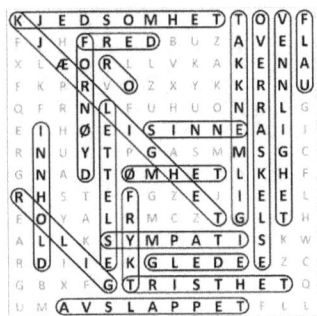

86 - Géographie

87 - Danse

88 - Bâtiments

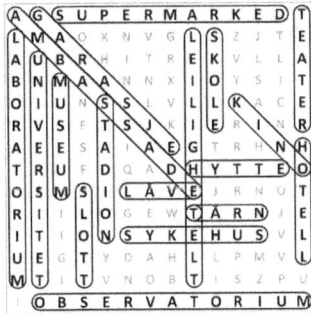

89 - Pêche

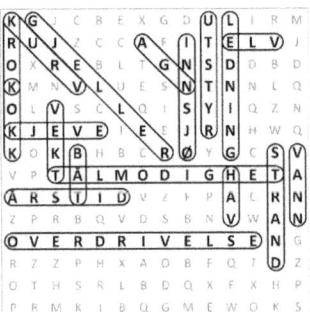

90 - Activités et Loisirs

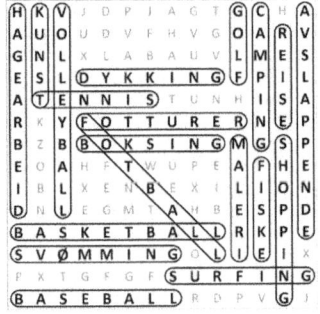

91 - Livres

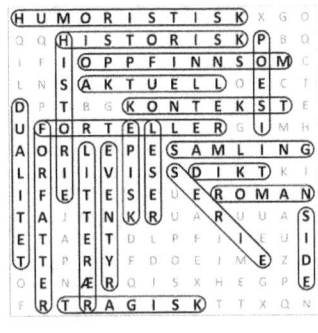

92 - Pays #2

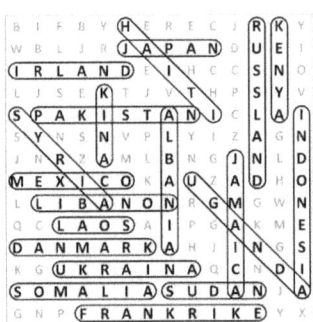

93 - Fournitures d'Art

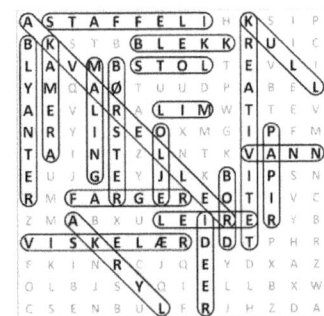

94 - Jouets

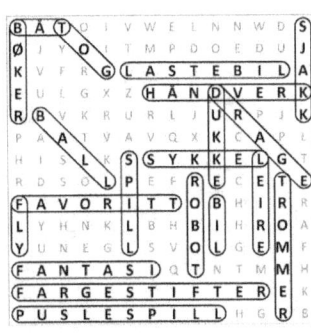

95 - Eau

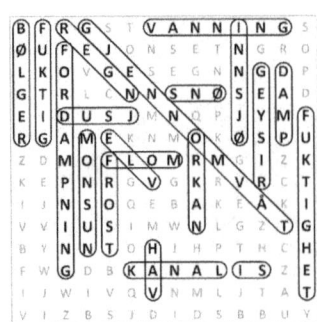

96 - Paysages

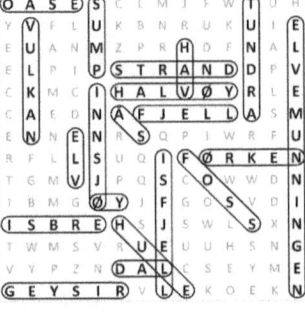

97 - Nombres

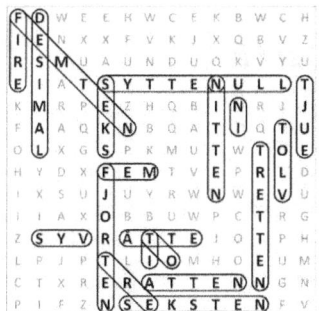

98 - Nature

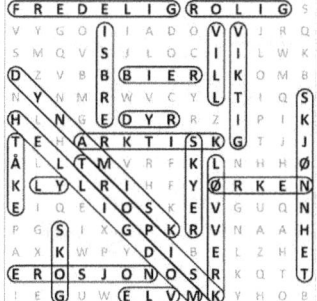

99 - Bateaux

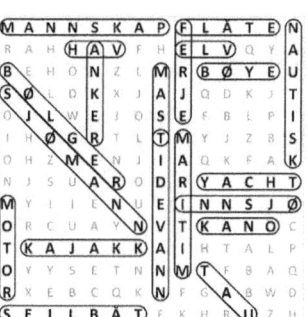

100 - Mesures

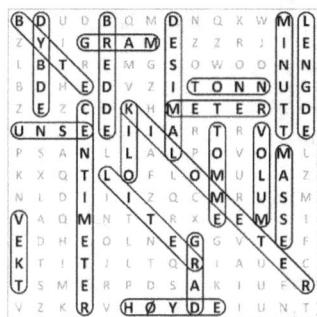

Dictionnaire

Activités
Aktiviteter

Activité	Aktivitet
Art	Kunst
Artisanat	Håndverk
Camping	Camping
Céramique	Keramikk
Chasse	Jakt
Compétence	Ferdighet
Couture	Sy
Intérêts	Interesser
Jardinage	Hagearbeid
Jeux	Spill
Lecture	Lesing
Loisir	Fritid
Magie	Magi
Peinture	Maleri
Pêche	Fiske
Photographie	Fotografering
Plaisir	Glede
Randonnée	Fotturer
Relaxation	Avslapning

Activités et Loisirs
Aktiviteter og Fritid

Achats	Shopping
Art	Kunst
Base-Ball	Baseball
Basket-Ball	Basketball
Boxe	Boksing
Camping	Camping
Football	Fotball
Golf	Golf
Jardinage	Hagearbeid
Nager	Svømming
Peinture	Maleri
Pêche	Fiske
Plongée	Dykking
Randonnée	Fotturer
Relaxant	Avslappende
Surf	Surfing
Tennis	Tennis
Volley-Ball	Volleyball
Voyage	Reise

Adjectifs #1
Adjektiver #1

Absolu	Absolutt
Actif	Aktiv
Ambitieux	Ambisiøs
Aromatique	Aromatisk
Artistique	Kunstnerisk
Attractif	Attraktiv
Beau	Vakker
Exotique	Eksotisk
Énorme	Enorm
Généreux	Sjenerøs
Honnête	Ærlig
Identique	Identisk
Important	Viktig
Innocent	Uskyldig
Jeune	Ung
Lent	Langsom
Lourd	Tung
Mince	Tynn
Moderne	Moderne
Parfait	Perfekt

Adjectifs #2
Adjektiver #2

Authentique	Autentisk
Célèbre	Berømt
Créatif	Kreativ
Descriptif	Beskrivende
Doué	Begavet
Dramatique	Dramatisk
Élégant	Elegant
Fier	Stolt
Fort	Sterk
Intéressant	Interessant
Naturel	Naturlig
Nouveau	Ny
Productif	Produktiv
Puissant	Kraftig
Pur	Ren
Responsable	Ansvarlig
Sain	Sunn
Salé	Salt
Sauvage	Vill
Sec	Tørr

Animaux de Compagnie
Kjæledyr

Chat	Katt
Chaton	Kattunge
Chèvre	Geit
Chien	Hund
Chiot	Valp
Collier	Krage
Eau	Vann
Griffes	Klør
Hamster	Hamster
Laisse	Bånd
Lapin	Kanin
Lézard	Øgle
Nourriture	Mat
Perroquet	Papegøye
Poisson	Fisk
Queue	Hale
Souris	Mus
Tortue	Skilpadde
Vache	Ku
Vétérinaire	Veterinær

Anniversaire
Fødselsdag

Amis	Venner
Amusement	Moro
Année	År
Bougies	Lys
Cadeau	Gave
Calendrier	Kalender
Cartes	Kort
Chanson	Sang
Fête	Feiring
Gâteau	Kake
Heureux	Glad
Invitations	Invitasjoner
Jeune	Ung
Jour	Dag
Joyeux	Gledelig
Né	Født
Sagesse	Visdom
Spécial	Spesiell
Temps	Tid

Antarctique
Antarktis

Baie	Bukt
Baleines	Hval
Chercheur	Forsker
Conservation	Bevaring
Continent	Kontinent
Eau	Vann
Environnement	Miljø
Expédition	Ekspedisjon
Géographie	Geografi
Glace	Is
Glaciers	Isbreer
Îles	Øyer
Migration	Migrasjon
Minéraux	Mineraler
Oiseaux	Fugler
Péninsule	Halvøy
Rocheux	Steinete
Scientifique	Vitenskapelig
Température	Temperatur
Topographie	Topografi

Art
Kunst

Céramique	Keramisk
Complexe	Kompleks
Composition	Sammensetning
Créer	Skape
Dépeindre	Skildre
Expression	Uttrykk
Figure	Figur
Honnête	Ærlig
Humeur	Humør
Inspiré	Inspirert
Original	Original
Peintures	Malerier
Personnel	Personlig
Poésie	Poesi
Sculpture	Skulptur
Simple	Enkel
Sujet	Emne
Surréalisme	Surrealisme
Symbole	Symbol
Visuel	Visuell

Arts Visuels
Bildende Kunst

Architecture	Arkitektur
Argile	Leire
Artiste	Artist
Céramique	Keramikk
Charbon	Kull
Chef-D'Œuvre	Mesterverk
Chevalet	Staffeli
Cire	Voks
Composition	Sammensetning
Craie	Kritt
Crayon	Blyant
Créativité	Kreativitet
Film	Film
Peinture	Maleri
Perspective	Perspektiv
Pochoir	Sjablong
Portrait	Portrett
Sculpture	Skulptur
Stylo	Penn
Vernis	Lakk

Astronomie
Astronomi

Astéroïde	Asteroide
Astronaute	Astronaut
Astronome	Astronom
Ciel	Himmel
Constellation	Konstellasjon
Cosmos	Kosmos
Éclipse	Formørkelse
Équinoxe	Equinox
Fusée	Rakett
Galaxie	Galaxy
Lune	Måne
Météore	Meteor
Nébuleuse	Stjernetåke
Observatoire	Observatorium
Planète	Planet
Radiation	Stråling
Solaire	Solar
Supernova	Supernova
Terre	Jord
Univers	Univers

Aventure
Eventyr

Activité	Aktivitet
Beauté	Skjønnhet
Chance	Sjanse
Dangereux	Farlig
Destination	Destinasjon
Défis	Utfordringer
Difficulté	Vanskelighet
Enthousiasme	Entusiasme
Excursion	Utflukt
Inhabituel	Uvanlig
Itinéraire	Reiserute
Joie	Glede
Nature	Natur
Navigation	Navigasjon
Nouveau	Ny
Opportunité	Mulighet
Préparation	Forberedelse
Sécurité	Sikkerhet
Surprenant	Overraskende
Voyages	Reiser

Avions
Fly

Air	Luft
Atmosphère	Atmosfære
Atterrissage	Landing
Aventure	Eventyr
Ballon	Ballong
Carburant	Brensel
Ciel	Himmel
Construction	Konstruksjon
Descente	Avstamning
Direction	Retning
Équipage	Mannskap
Hauteur	Høyde
Hélices	Propeller
Histoire	Historie
Hydrogène	Hydrogen
Moteur	Motor
Naviguer	Navigere
Passager	Passasjer
Pilote	Pilot
Turbulence	Turbulens

Ballet
Ballett

Applaudissement	Applaus
Artistique	Kunstnerisk
Ballerine	Ballerina
Chorégraphie	Koreografi
Compétence	Ferdighet
Compositeur	Komponist
Danseurs	Dansere
Expressif	Uttrykksfull
Geste	Gest
Gracieux	Grasiøs
Intensité	Intensitet
Muscles	Muskler
Musique	Musikk
Orchestre	Orkester
Public	Publikum
Répétition	Øving
Rythme	Rytme
Solo	Solo
Style	Stil
Technique	Teknikk

Barbecues
Grilling

Chaud	Varmt
Couteaux	Kniver
Déjeuner	Lunsj
Dîner	Middag
Enfants	Barn
Été	Sommer
Faim	Sult
Famille	Familie
Fruit	Frukt
Gril	Grille
Jeux	Spill
Légumes	Grønnsaker
Musique	Musikk
Oignons	Løk
Poivre	Pepper
Poulet	Kylling
Salades	Salater
Sauce	Saus
Sel	Salt
Tomates	Tomater

Bateaux
Båter

Ancre	Anker
Bouée	Bøye
Canoë	Kano
Corde	Tau
Équipage	Mannskap
Ferry	Ferje
Fleuve	Elv
Kayak	Kajakk
Lac	Innsjø
Marée	Tidevann
Marin	Sjømann
Maritime	Maritim
Mât	Mast
Mer	Hav
Moteur	Motor
Nautique	Nautisk
Radeau	Flåte
Vagues	Bølger
Voilier	Seilbåt
Yacht	Yacht

Bâtiments
Bygningsmasse

Ambassade	Ambassade
Appartement	Leilighet
Cabine	Hytte
Château	Slott
Cinéma	Kino
École	Skole
Garage	Garasje
Grange	Låve
Hôpital	Sykehus
Hôtel	Hotell
Laboratoire	Laboratorium
Musée	Museum
Observatoire	Observatorium
Stade	Stadion
Supermarché	Supermarked
Tente	Telt
Théâtre	Teater
Tour	Tårn
Université	Universitet
Usine	Fabrikk

Camping
Camping

Animaux	Dyr
Arbres	Trær
Aventure	Eventyr
Boussole	Kompass
Cabine	Hytte
Canoë	Kano
Carte	Kart
Chapeau	Hatt
Chasse	Jakt
Corde	Tau
Équipement	Utstyr
Feu	Brann
Forêt	Skog
Hamac	Hengekøye
Insecte	Insekt
Lac	Innsjø
Lune	Måne
Montagne	Fjell
Nature	Natur
Tente	Telt

Championnat
Mesterskapet

Champion	Mester
Championnat	Mesterskap
Endurance	Utholdenhet
Entraîneur	Trener
Équipe	Team
Finaliste	Finalist
Jeux	Spill
Juge	Dømme
Ligue	Liga
Médaille	Medalje
Motivation	Motivasjon
Performance	Ytelse
Sports	Sport
Stratégie	Strategi
Tournoi	Turnering
Transpiration	Svette
Victoire	Seier

Chats
Katter

Affectueux	Kjærlig
Chasseur	Jeger
Curieux	Nysgjerrig
Dormir	Søvn
Drôle	Morsom
Espiègle	Leken
Fil	Garn
Fou	Gal
Fourrure	Pels
Griffe	Klo
Indépendant	Uavhengig
Patte	Pote
Personnalité	Personlighet
Queue	Hale
Sauvage	Vill
Souris	Mus
Timide	Sjenert

Châteaux
Slott

Armure	Rustning
Bouclier	Skjold
Catapulte	Katapult
Cheval	Hest
Chevalier	Ridder
Couronne	Krone
Dragon	Drage
Dynastie	Dynasti
Empire	Imperium
Épée	Sverd
Féodal	Føydal
Forteresse	Festning
Licorne	Enhjørning
Mur	Vegg
Noble	Edel
Palais	Palass
Prince	Prins
Princesse	Prinsesse
Royaume	Kongedømme
Tour	Tårn

Chocolat
Sjokolade

Amer	Bitter
Antioxydant	Antioksidant
Arôme	Aroma
Artisanal	Artisanal
Cacahuètes	Peanøtter
Cacao	Kakao
Calories	Kalorier
Caramel	Karamell
Délicieux	Deilig
Doux	Søt
Exotique	Eksotisk
Favori	Favoritt
Goût	Smak
Ingrédient	Ingrediens
Noix de Coco	Kokosnøtt
Qualité	Kvalitet
Recette	Oppskrift
Sucre	Sukker

Cirque
Sirkus

Acrobate	Akrobat
Animaux	Dyr
Astuce	Triks
Ballons	Ballonger
Billet	Billett
Clown	Klovn
Costume	Kostyme
Divertir	Underholde
Éléphant	Elefant
Jongleur	Sjonglør
Lion	Løve
Magicien	Magiker
Magie	Magi
Musique	Musikk
Parade	Parade
Singe	Ape
Spectaculaire	Spektakulær
Spectateur	Tilskuer
Tente	Telt
Tigre	Tiger

Conduite
Kjøring

Accident	Ulykke
Camion	Lastebil
Carburant	Brensel
Carte	Kart
Danger	Fare
Freins	Bremser
Garage	Garasje
Gaz	Gass
Licence	Lisens
Moteur	Motor
Moto	Motorsykkel
Piéton	Fotgjenger
Police	Politi
Route	Vei
Sécurité	Sikkerhet
Trafic	Trafikk
Transport	Transport
Tunnel	Tunnel
Vitesse	Hastighet
Voiture	Bil

Conservation
Bevaring

Bénévole	Frivillig
Changements	Endringer
Climat	Klima
Cycle	Syklus
Durable	Bærekraftig
Eau	Vann
Environnemental	Miljø
Écosystème	Økosystem
Éducation	Utdanning
Habitat	Habitat
Naturel	Naturlig
Organique	Organisk
Pollution	Forurensing
Recycler	Resirkulere
Réduire	Redusere
Santé	Helse
Vert	Grønn

Corps Humain
Menneskekroppen

Bouche	Munn
Cerveau	Hjerne
Cheville	Ankel
Cou	Hals
Coude	Albue
Cœur	Hjerte
Doigt	Finger
Estomac	Mage
Épaule	Skulder
Genou	Kne
Lèvres	Lepper
Main	Hånd
Mâchoire	Kjeve
Menton	Hake
Nez	Nese
Oreille	Øre
Peau	Hud
Sang	Blod
Tête	Hode
Visage	Ansikt

Couleurs
Farger

Beige	Beige
Blanc	Hvit
Bleu	Blå
Cyan	Cyan
Fuchsia	Fuchsia
Gris	Grå
Indigo	Indigo
Jaune	Gul
Magenta	Magenta
Marron	Brun
Noir	Svart
Orange	Oransje
Rose	Rosa
Rouge	Rød
Sépia	Sepia
Vert	Grønn
Violet	Lilla

Cuisine
Kjøkken

Baguettes	Spisepinner
Bol	Bolle
Bouilloire	Kjele
Congélateur	Fryser
Couteaux	Kniver
Cruche	Mugge
Cuillères	Skjeer
Épices	Krydder
Éponge	Svamp
Four	Ovn
Fourchettes	Gafler
Gril	Grille
Louche	Øse
Nourriture	Mat
Pot	Krukke
Recette	Oppskrift
Réfrigérateur	Kjøleskap
Serviette	Serviett
Tablier	Forkle
Tasses	Kopper

Danse
Danse

Académie	Akademi
Art	Kunst
Chorégraphie	Koreografi
Classique	Klassisk
Corps	Kropp
Culture	Kultur
Culturel	Kulturell
Expressif	Uttrykksfull
Émotion	Følelse
Grâce	Nåde
Joyeux	Gledelig
Mouvement	Bevegelse
Musique	Musikk
Partenaire	Samboer
Posture	Holdning
Répétition	Øving
Rythme	Rytme
Saut	Hoppe
Traditionnel	Tradisjonell
Visuel	Visuell

Dinosaures
Dinosaurer

Ailes	Vinger
Carnivore	Kjøtteter
Disparition	Forsvinning
Espèce	Art
Énorme	Enorm
Évolution	Evolusjon
Fossiles	Fossiler
Grand	Stor
Herbivore	Herbivore
Mammouth	Mammut
Omnivore	Omnivore
Préhistorique	Forhistorisk
Proie	Bytte
Puissant	Kraftig
Queue	Hale
Rapace	Raptor
Reptile	Reptil
Taille	Størrelse
Terre	Jord
Vicieux	Ond

Disciplines Scientifiques
Vitenskapelige Disipliner

Anatomie	Anatomi
Archéologie	Arkeologi
Astronomie	Astronomi
Biochimie	Biokjemi
Biologie	Biologi
Botanique	Botanikk
Chimie	Kjemi
Écologie	Økologi
Géologie	Geologi
Immunologie	Immunologi
Linguistique	Lingvistikk
Mécanique	Mekanikk
Météorologie	Meteorologi
Minéralogie	Mineralogi
Neurologie	Nevrologi
Physiologie	Fysiologi
Psychologie	Psykologi
Sociologie	Sosiologi
Thermodynamique	Termodynamikk
Zoologie	Zoologi

Eau
Vann

Canal	Kanal
Douche	Dusj
Évaporation	Fordampning
Fleuve	Elv
Gel	Frost
Geyser	Geysir
Glace	Is
Humide	Fuktig
Humidité	Fuktighet
Inondation	Flom
Irrigation	Vanning
Lac	Innsjø
Mousson	Monsun
Neige	Snø
Océan	Hav
Ouragan	Orkan
Pluie	Regn
Trempé	Gjennomvåt
Vagues	Bølger
Vapeur	Damp

Escalade
Klatring

Altitude	Høyde
Atmosphère	Atmosfære
Blessure	Skade
Bottes	Støvler
Carte	Kart
Casque	Hjelm
Curiosité	Nysgjerrighet
Défis	Utfordringer
Expert	Ekspert
Étroit	Smal
Force	Styrke
Formation	Trening
Gants	Hansker
Grotte	Hule
Physique	Fysisk
Randonnée	Fotturer
Stabilité	Stabilitet
Terrain	Terreng

Exploration
Utforskning

Activité	Aktivitet
Animaux	Dyr
Courage	Mot
Cultures	Kulturer
Dangers	Farer
Découverte	Oppdagelse
Détermination	Besluttsomhet
Espace	Rom
Épuisement	Utmattelse
Inconnu	Ukjent
Langue	Språk
Lointain	Fjern
Nouveau	Ny
Périlleux	Farefull
Quête	Oppdrag
Sauvage	Vill
Terrain	Terreng
Voyage	Reise

Échecs
Sjakk

Adversaire	Motstander
Blanc	Hvit
Champion	Mester
Concours	Konkurranse
Défis	Utfordringer
Diagonal	Diagonal
Jeu	Spill
Joueur	Spiller
Noir	Svart
Passif	Passiv
Points	Poeng
Reine	Dronning
Règles	Regler
Roi	Konge
Sacrifice	Offer
Stratégie	Strategi
Temps	Tid
Tournoi	Turnering

École #1
Skole nr. 1

Alphabet	Alfabet
Amis	Venner
Amusement	Moro
Bibliothèque	Bibliotek
Bureau	Skrivebord
Chaise	Stol
Crayon	Blyant
Des Stylos	Penner
Déjeuner	Lunsj
Dossiers	Mapper
Enseignant	Lærer
Examens	Eksamen
Livres	Bøker
Math	Matte
Papier	Papir
Réponses	Svar
Salle de Classe	Klasserom

École #2
Skole nr. 2

Activités	Aktiviteter
Apprentissage	Læring
Bibliothèque	Bibliotek
Bus	Buss
Calendrier	Kalender
Chaussures	Sko
Ciseaux	Saks
Crayon	Blyant
Dictionnaire	Ordbok
Enseignant	Lærer
Éducation	Utdanning
Grammaire	Grammatikk
Jeux	Spill
Lecture	Lesing
Littérature	Litteratur
Livres	Bøker
Math	Matte
Ordinateur	Datamaskin
Papier	Papir
Science	Vitenskap

Écologie
Økologi

Bénévoles	Frivillige
Climat	Klima
Communautés	Samfunn
Diversité	Mangfold
Durable	Bærekraftig
Espèce	Art
Faune	Fauna
Flore	Flora
Global	Global
Habitat	Habitat
Marais	Myr
Marin	Marine
Montagnes	Fjell
Nature	Natur
Naturel	Naturlig
Plantes	Planter
Ressources	Ressurser
Sécheresse	Tørke
Survie	Overlevelse
Végétation	Vegetasjon

Émotions
Følelser

Amour	Kjærlighet
Calme	Rolig
Colère	Sinne
Contenu	Innhold
Détendu	Avslappet
Embarrassé	Flau
Ennui	Kjedsomhet
Gentillesse	Vennlighet
Joie	Glede
Paix	Fred
Peur	Frykt
Reconnaissant	Takknemlig
Relief	Lettelse
Satisfait	Fornøyd
Surprise	Overraskelse
Sympathie	Sympati
Tendresse	Ømhet
Tranquillité	Ro
Tristesse	Tristhet

Épices
Krydder

Aigre	Sur
Ail	Hvitløk
Amer	Bitter
Anis	Anis
Cannelle	Kanel
Cardamome	Kardemomme
Coriandre	Koriander
Cumin	Spisskummen
Curry	Karri
Fenouil	Fennikel
Gingembre	Ingefær
Muscade	Muskat
Oignon	Løk
Paprika	Paprika
Poivre	Pepper
Réglisse	Lakris
Safran	Safran
Saveur	Smak
Sel	Salt
Vanille	Vanilje

Été
Sommer

Amis	Venner
Camping	Camping
Étoiles	Stjerner
Famille	Familie
Jardin	Hage
Jeux	Spill
Joie	Glede
Livres	Bøker
Loisir	Fritid
Mer	Hav
Musique	Musikk
Nourriture	Mat
Plage	Strand
Plongée	Dykking
Relaxation	Avslapning
Sandales	Sandaler
Vacances	Ferie
Voyage	Reise

Famille
Familien

Ancêtre	Stamfar
Cousin	Fetter
Enfance	Barndom
Enfant	Barn
Femme	Kone
Fille	Datter
Frère	Bror
Grand-Mère	Bestemor
Grand-Père	Bestefar
Mari	Ektemann
Maternel	Mors
Mère	Mor
Neveu	Nevø
Nièce	Niese
Oncle	Onkel
Paternel	Faderlig
Petit-Fils	Barnebarn
Père	Far
Soeur	Søster
Tante	Tante

Ferme #1
Gården #1

Abeille	Bie
Agriculture	Landbruk
Âne	Esel
Bison	Bison
Champ	Felt
Chat	Katt
Cheval	Hest
Chèvre	Geit
Chien	Hund
Clôture	Gjerde
Corbeau	Kråke
Eau	Vann
Engrais	Gjødsel
Foin	Høy
Miel	Honning
Poulet	Kylling
Riz	Ris
Troupeau	Flokk
Vache	Ku
Veau	Kalv

Ferme #2
Gården #2

Agneau	Lam
Agriculteur	Bonde
Animaux	Dyr
Berger	Hyrde
Blé	Hvete
Canard	And
Fruit	Frukt
Grange	Låve
Irrigation	Vanning
Lait	Melk
Lama	Lama
Légume	Grønnsak
Maïs	Korn
Mouton	Sau
Nourriture	Mat
Orge	Bygg
Pré	Eng
Ruche	Bikube
Tracteur	Traktor
Verger	Frukthage

Fleurs
Blomster

Bouquet	Bukett
Gardénia	Gardenia
Hibiscus	Hibiskus
Jasmin	Sjasmin
Jonquille	Påskelilje
Lavande	Lavendel
Lilas	Lilla
Lys	Lilje
Magnolia	Magnolia
Marguerite	Tusenfryd
Orchidée	Orkidé
Passiflore	Pasjonsblomst
Pavot	Valmue
Pétale	Kronblad
Pissenlit	Løvetann
Pivoine	Peon
Rose	Rose
Tournesol	Solsikke
Trèfle	Kløver
Tulipe	Tulipan

Forêt Tropicale
Regnskogen

Amphibiens	Amfibier
Botanique	Botanisk
Climat	Klima
Communauté	Samfunnet
Diversité	Mangfold
Espèce	Art
Indigène	Urfolk
Insectes	Insekter
Jungle	Jungel
Mammifères	Pattedyr
Mousse	Mose
Nature	Natur
Nuage	Skyer
Oiseaux	Fugler
Précieux	Verdifull
Préservation	Bevaring
Refuge	Tilflukt
Respect	Respekt
Restauration	Restaurering
Survie	Overlevelse

Formes
Former

Arc	Bue
Bords	Kanter
Carré	Torget
Cercle	Sirkel
Coin	Hjørne
Courbe	Kurve
Cône	Kjegle
Côté	Side
Cube	Kube
Cylindre	Sylinder
Ellipse	Ellipse
Hyperbole	Hyperbola
Ligne	Linje
Ovale	Oval
Polygone	Polygon
Prisme	Prisme
Pyramide	Pyramide
Rectangle	Rektangel
Sphère	Sfære
Triangle	Trekant

Fournitures d'Art
Kunst Forsyninger

Acrylique	Akryl
Aquarelles	Akvareller
Argile	Leire
Brosses	Børster
Caméra	Kamera
Chaise	Stol
Charbon	Kull
Chevalet	Staffeli
Colle	Lim
Couleurs	Farger
Crayons	Blyanter
Créativité	Kreativitet
Eau	Vann
Encre	Blekk
Gomme	Viskelær
Huile	Olje
Idées	Ideer
Papier	Papir
Peinture	Maling
Table	Bord

Fruit
Frukt

Abricot	Aprikos
Ananas	Ananas
Avocat	Avokado
Baie	Bær
Banane	Banan
Cerise	Kirsebær
Citron	Sitron
Figue	Fig
Framboise	Bringebær
Goyave	Guava
Kiwi	Kiwi
Mangue	Mango
Melon	Melon
Nectarine	Nektarin
Orange	Oransje
Papaye	Papaya
Pêche	Fersken
Poire	Pære
Pomme	Eple
Raisin	Drue

Géographie
Geografi

Altitude	Høyde
Atlas	Atlas
Carte	Kart
Continent	Kontinent
Fleuve	Elv
Hémisphère	Halvkule
Île	Øy
Latitude	Breddegrad
Longitude	Lengdegrad
Mer	Hav
Méridien	Meridian
Monde	Verden
Montagne	Fjell
Nord	Nord
Ouest	Vest
Pays	Land
Région	Region
Sud	Sør
Territoire	Territorium
Ville	By

Géologie
Geologi

Acide	Syre
Calcium	Kalsium
Caverne	Hule
Continent	Kontinent
Corail	Korall
Couche	Lag
Cristaux	Crystal
Érosion	Erosjon
Fondu	Smeltet
Fossile	Fossilt
Geyser	Geysir
Lave	Lava
Minéraux	Mineraler
Pierre	Stein
Plateau	Platå
Quartz	Kvarts
Sel	Salt
Stalactite	Stalaktitt
Volcan	Vulkan
Zone	Sone

Herboristerie
Urtemedisin

Ail	Hvitløk
Aromatique	Aromatisk
Basilic	Basilikum
Bénéfique	Gunstig
Culinaire	Kulinarisk
Estragon	Estragon
Fenouil	Fennikel
Fleur	Blomst
Ingrédient	Ingrediens
Jardin	Hage
Lavande	Lavendel
Marjolaine	Marjoram
Menthe	Mynte
Persil	Persille
Qualité	Kvalitet
Romarin	Rosmarin
Safran	Safran
Saveur	Smak
Thym	Timian
Vert	Grønn

Insectes
Insekter

Abeille	Bie
Cafard	Kakerlakk
Cigale	Cicada
Coccinelle	Marihøne
Fourmi	Maur
Guêpe	Veps
Larve	Larve
Libellule	Øyenstikker
Mante	Mantis
Moustique	Mygg
Papillon	Sommerfugl
Puce	Loppe
Puceron	Bladlus
Sauterelle	Gresshoppe
Scarabée	Bille
Termite	Termitt
Ver	Orm

Instruments de Musique
Musikkinstrumenter

Banjo	Banjo
Basson	Fagott
Clarinette	Klarinett
Flûte	Fløyte
Gong	Gong
Guitare	Gitar
Harmonica	Munnspill
Harpe	Harpe
Hautbois	Obo
Mandoline	Mandolin
Marimba	Marimba
Percussion	Perkusjon
Piano	Piano
Saxophone	Saksofon
Tambour	Tromme
Tambourin	Tamburin
Trombone	Trombone
Trompette	Trompet
Violon	Fiolin
Violoncelle	Cello

Jardin
Hage

Arbre	Tre
Banc	Benk
Buisson	Busk
Clôture	Gjerde
Étang	Dam
Fleur	Blomst
Garage	Garasje
Hamac	Hengekøye
Herbe	Gress
Jardin	Hage
Mauvaises Herbes	Ugress
Pelle	Spade
Pelouse	Plen
Râteau	Rake
Sol	Jord
Terrasse	Terrasse
Trampoline	Trampoline
Tuyau	Slange
Verger	Frukthage
Vigne	Vintreet

Jouets
Leker

Argile	Leire
Artisanat	Håndverk
Avion	Fly
Balle	Ball
Bateau	Båt
Camion	Lastebil
Cerf-Volant	Drage
Crayons	Fargestifter
Échecs	Sjakk
Favori	Favoritt
Imagination	Fantasi
Jeux	Spill
Livres	Bøker
Poupée	Dukke
Puzzle	Puslespill
Robot	Robot
Tambours	Trommer
Train	Tog
Vélo	Sykkel
Voiture	Bil

Jours et Mois
Dager og Måneder

Août	August
Avril	April
Calendrier	Kalender
Dimanche	Søndag
Février	Februar
Janvier	Januar
Jeudi	Torsdag
Juillet	Juli
Juin	Juni
Lundi	Mandag
Mardi	Tirsdag
Mars	Mars
Mercredi	Onsdag
Mois	Måned
Novembre	November
Octobre	Oktober
Samedi	Lørdag
Semaine	Uke
Septembre	September
Vendredi	Fredag

Les Abeilles
Bier

Ailes	Vinger
Bénéfique	Gunstig
Cire	Voks
Diversité	Mangfold
Essaim	Sverm
Écosystème	Økosystem
Fleur	Blomstre
Fleurs	Blomster
Fruit	Frukt
Fumée	Røyk
Habitat	Habitat
Insecte	Insekt
Jardin	Hage
Miel	Honning
Nourriture	Mat
Plantes	Planter
Pollen	Pollen
Reine	Dronning
Ruche	Bikube
Soleil	Sol

Légumes
Grønnsaker

Ail	Hvitløk
Artichaut	Artisjokk
Aubergine	Aubergine
Brocoli	Brokkoli
Carotte	Gulrot
Céleri	Selleri
Champignon	Sopp
Citrouille	Gresskar
Concombre	Agurk
Échalote	Sjalottløk
Épinard	Spinat
Gingembre	Ingefær
Navet	Nepe
Oignon	Løk
Olive	Oliven
Persil	Persille
Pois	Ert
Radis	Reddik
Salade	Salat
Tomate	Tomat

Littérature
Litteratur

Analogie	Analogi
Analyse	Analyse
Anecdote	Anekdote
Auteur	Forfatter
Biographie	Biografi
Comparaison	Sammenligning
Conclusion	Konklusjon
Description	Beskrivelse
Dialogue	Dialog
Métaphore	Metafor
Narrateur	Forteller
Opinion	Mening
Poème	Dikt
Poétique	Poetisk
Rime	Rim
Roman	Roman
Rythme	Rytme
Style	Stil
Thème	Tema
Tragédie	Tragedie

Livres
Reserve

Auteur	Forfatter
Aventure	Eventyr
Collection	Samling
Contexte	Kontekst
Dualité	Dualitet
Épique	Episk
Histoire	Historie
Historique	Historisk
Humoristique	Humoristisk
Inventif	Oppfinnsom
Lecteur	Leser
Littéraire	Litterær
Narrateur	Forteller
Page	Side
Pertinent	Aktuell
Poème	Dikt
Poésie	Poesi
Roman	Roman
Série	Serie
Tragique	Tragisk

Maison
Hus

Balai	Kost
Bibliothèque	Bibliotek
Chambre	Rom
Cheminée	Peis
Clés	Nøkler
Clôture	Gjerde
Cuisine	Kjøkken
Douche	Dusj
Fenêtre	Vindu
Garage	Garasje
Grenier	Loft
Jardin	Hage
Lampe	Lampe
Miroir	Speil
Mur	Vegg
Porte	Dør
Rideaux	Gardiner
Sous-Sol	Kjeller
Tapis	Teppe
Toit	Tak

Mammifères
Pattedyr

Baleine	Hval
Chat	Katt
Cheval	Hest
Chien	Hund
Coyote	Prærieulv
Dauphin	Delfin
Éléphant	Elefant
Girafe	Sjiraff
Gorille	Gorilla
Kangourou	Kenguru
Lapin	Kanin
Lion	Løve
Loup	Ulv
Mouton	Sau
Ours	Bjørn
Renard	Rev
Singe	Ape
Taureau	Okse
Tigre	Tiger
Zèbre	Sebra

Mathématiques
Matematikk

Angles	Vinkler
Arithmétique	Aritmetikk
Carré	Torget
Circonférence	Omkrets
Décimal	Desimal
Diamètre	Diameter
Division	Divisjon
Exposant	Eksponent
Équation	Ligning
Fraction	Brøkdel
Géométrie	Geometri
Parallèle	Parallell
Polygone	Polygon
Rayon	Radius
Rectangle	Rektangel
Somme	Sum
Sphère	Sfære
Symétrie	Symmetri
Triangle	Trekant
Volume	Volum

Mesures
Målinger

Centimètre	Centimeter
Degré	Grad
Décimal	Desimal
Gramme	Gram
Hauteur	Høyde
Kilogramme	Kilo
Kilomètre	Kilometer
Largeur	Bredde
Litre	Liter
Longueur	Lengde
Masse	Masse
Mètre	Meter
Minute	Minutt
Octet	Byte
Once	Unse
Poids	Vekt
Pouce	Tomme
Profondeur	Dybde
Tonne	Tonn
Volume	Volum

Meubles
Innredning

Armoire	Armoire
Banc	Benk
Bibliothèque	Bokhylle
Bureau	Skrivebord
Canapé	Sofa
Chaise	Stol
Commode	Kommode
Coussins	Puter
Fauteuil	Lenestol
Futon	Futon
Hamac	Hengekøye
Lampe	Lampe
Lit	Seng
Matelas	Madrass
Miroir	Speil
Oreiller	Pute
Rideaux	Gardiner
Tapis	Teppe

Méditation
Meditasjon

Acceptation	Aksept
Attention	Oppmerksomhet
Calme	Rolig
Clarté	Klarhet
Compassion	Medfølelse
Émotions	Følelser
Éveillé	Våken
Gentillesse	Vennlighet
Gratitude	Takknemlighet
Habitudes	Vaner
Mental	Mental
Mouvement	Bevegelse
Musique	Musikk
Nature	Natur
Observation	Observasjon
Paix	Fred
Perspective	Perspektiv
Posture	Holdning
Respiration	Puste
Silence	Stillhet

Météo
Været

Arc-En-Ciel	Regnbue
Atmosphère	Atmosfære
Brise	Bris
Brouillard	Tåke
Calme	Rolig
Ciel	Himmel
Climat	Klima
Glace	Is
Mousson	Monsun
Nuage	Sky
Ouragan	Orkan
Polaire	Polar
Sec	Tørr
Sécheresse	Tørke
Température	Temperatur
Tempête	Storm
Tonnerre	Torden
Tornade	Tornado
Tropical	Tropisk
Vent	Vind

Mythologie
Mytologi

Archétype	Arketype
Catastrophe	Katastrofe
Comportement	Oppførsel
Création	Skapelse
Créature	Skapning
Croyances	Tro
Culture	Kultur
Éclair	Lyn
Force	Styrke
Guerrier	Kriger
Héros	Helt
Immortalité	Udødelighet
Jalousie	Sjalusi
Labyrinthe	Labyrint
Légende	Legende
Magique	Magisk
Monstre	Monster
Mortel	Dødelig
Tonnerre	Torden
Vengeance	Hevn

Nature
Naturen

Abeilles	Bier
Abri	Ly
Animaux	Dyr
Arctique	Arktisk
Beauté	Skjønnhet
Brouillard	Tåke
Désert	Ørken
Dynamique	Dynamisk
Érosion	Erosjon
Feuillage	Løvverk
Fleuve	Elv
Forêt	Skog
Glacier	Isbre
Nuage	Skyer
Paisible	Fredelig
Sanctuaire	Helligdom
Sauvage	Vill
Serein	Rolig
Tropical	Tropisk
Vital	Viktig

Nombres
Antall

Cinq	Fem
Deux	To
Décimal	Desimal
Dix	Ti
Dix-Huit	Atten
Dix-Neuf	Nitten
Dix-Sept	Sytten
Douze	Tolv
Huit	Åtte
Neuf	Ni
Quatorze	Fjorten
Quatre	Fire
Quinze	Femten
Seize	Seksten
Sept	Syv
Six	Seks
Treize	Tretten
Trois	Tre
Vingt	Tjue
Zéro	Null

Nourriture #1
Mat #1

Ail	Hvitløk
Basilic	Basilikum
Café	Kaffe
Cannelle	Kanel
Carotte	Gulrot
Citron	Sitron
Épinard	Spinat
Fraise	Jordbær
Jus	Juice
Lait	Melk
Navet	Nepe
Oignon	Løk
Orge	Bygg
Poire	Pære
Salade	Salat
Sel	Salt
Soupe	Suppe
Sucre	Sukker
Thon	Tunfisk
Viande	Kjøtt

Nourriture #2
Mat #2

Amande	Mandel
Aubergine	Aubergine
Banane	Banan
Blé	Hvete
Brocoli	Brokkoli
Cerise	Kirsebær
Céleri	Selleri
Champignon	Sopp
Chocolat	Sjokolade
Jambon	Skinke
Kiwi	Kiwi
Mangue	Mango
Oeuf	Egg
Pain	Brød
Poisson	Fisk
Pomme	Eple
Poulet	Kylling
Raisin	Drue
Riz	Ris
Tomate	Tomat

Nutrition
Ernæring

Amer	Bitter
Appétit	Appetitt
Calories	Kalorier
Comestible	Spiselig
Diète	Diett
Digestion	Fordøyelse
Épices	Krydder
Équilibré	Balansert
Fermentation	Gjæring
Glucides	Karbohydrater
Liquides	Væsker
Poids	Vekt
Protéines	Proteiner
Qualité	Kvalitet
Sain	Sunn
Santé	Helse
Sauce	Saus
Saveur	Smak
Toxine	Gift
Vitamine	Vitamin

Océan
Havet

Algue	Tang
Anguille	Ål
Baleine	Hval
Bateau	Båt
Corail	Korall
Crabe	Krabbe
Crevette	Reke
Dauphin	Delfin
Éponge	Svamp
Huître	Østers
Méduse	Manet
Poisson	Fisk
Poulpe	Blekksprut
Requin	Hai
Récif	Rev
Sel	Salt
Tempête	Storm
Thon	Tunfisk
Tortue	Skilpadde
Vagues	Bølger

Oiseaux
Fugler

Aigle	Ørn
Autruche	Struts
Canard	And
Cigogne	Stork
Colombe	Due
Corbeau	Ravn
Coucou	Gjøk
Cygne	Svanen
Flamant	Flamingo
Héron	Hegre
Manchot	Pingvin
Moineau	Spurv
Mouette	Måke
Oeuf	Egg
Oie	Gås
Paon	Påfugl
Perroquet	Papegøye
Pélican	Pelikan
Poulet	Kylling
Toucan	Toucan

Outils
Verktøy

Agrafe	Stift
Agrafeuse	Stiftemaskin
Câble	Kabel
Ciseaux	Saks
Colle	Lim
Corde	Tau
Couteau	Kniv
Échelle	Stige
Hache	Øks
Marteau	Hammer
Pelle	Spade
Pinces	Tang
Rasoir	Barberhøvel
Règle	Hersker
Roue	Hjul
Torche	Lommelykt
Vis	Skrue

Pays #2
Land #2

Albanie	Albania
Chine	Kina
Danemark	Danmark
France	Frankrike
Haïti	Haiti
Indonésie	Indonesia
Irlande	Irland
Jamaïque	Jamaica
Japon	Japan
Kenya	Kenya
Laos	Laos
Liban	Libanon
Mexique	Mexico
Ouganda	Uganda
Pakistan	Pakistan
Russie	Russland
Somalie	Somalia
Soudan	Sudan
Syrie	Syria
Ukraine	Ukraina

Paysages
Landskap

Cascade	Foss
Colline	Ås
Désert	Ørken
Estuaire	Elvemunningen
Fleuve	Elv
Geyser	Geysir
Glacier	Isbre
Grotte	Hule
Iceberg	Isfjell
Île	Øy
Lac	Innsjø
Marais	Sump
Mer	Hav
Montagne	Fjell
Oasis	Oase
Péninsule	Halvøy
Plage	Strand
Toundra	Tundra
Vallée	Dal
Volcan	Vulkan

Pêche
Fiske

Appât	Agn
Bateau	Båt
Branchies	Gjeller
Crochet	Krok
Cuire	Kokk
Eau	Vann
Exagération	Overdrivelse
Équipement	Utstyr
Fil	Ledning
Fleuve	Elv
Lac	Innsjø
Mâchoire	Kjeve
Océan	Hav
Panier	Kurv
Patience	Tålmodighet
Plage	Strand
Poids	Vekt
Saison	Årstid

Pirates
Sjørøvere

Ancre	Anker
Aventure	Eventyr
Capitaine	Kaptein
Carte	Kart
Cicatrice	Arr
Danger	Fare
Drapeau	Flagg
Épée	Sverd
Équipage	Mannskap
Grotte	Hule
Île	Øy
Légende	Legende
Mauvais	Dårlig
Océan	Hav
Or	Gull
Perroquet	Papegøye
Pièces	Mynter
Plage	Strand
Rhum	Rom
Trésor	Skatt

Plantes
Planter

Arbre	Tre
Baie	Bær
Bambou	Bambus
Botanique	Botanikk
Buisson	Busk
Cactus	Kaktus
Engrais	Gjødsel
Feuillage	Løvverk
Fleur	Blomst
Flore	Flora
Forêt	Skog
Grandir	Vokse
Haricot	Bønne
Herbe	Gress
Jardin	Hage
Lierre	Eføy
Mousse	Mose
Pétale	Kronblad
Racine	Rot
Végétation	Vegetasjon

Professions #1
Yrker # 1

Ambassadeur	Ambassadør
Astronome	Astronom
Avocat	Advokat
Banquier	Bankier
Bijoutier	Gullsmed
Cartographe	Kartograf
Chasseur	Jeger
Danseur	Danser
Entraîneur	Trener
Éditeur	Redaktør
Géologue	Geolog
Infirmière	Sykepleier
Médecin	Lege
Musicien	Musiker
Pianiste	Pianist
Plombier	Rørlegger
Pompier	Brannmann
Psychologue	Psykolog
Scientifique	Forsker
Vétérinaire	Veterinær

Professions #2
Yrker # 2

Astronaute	Astronaut
Bibliothécaire	Bibliotekar
Biologiste	Biolog
Chercheur	Forsker
Chirurgien	Kirurg
Dentiste	Tannlege
Détective	Detektiv
Enseignant	Lærer
Illustrateur	Illustratør
Ingénieur	Ingeniør
Inventeur	Oppfinner
Jardinier	Gartner
Journaliste	Journalist
Linguiste	Lingvist
Médecin	Lege
Peintre	Maler
Philosophe	Filosof
Photographe	Fotograf
Pilote	Pilot
Zoologiste	Zoolog

Randonnée
Vandring

Animaux	Dyr
Bottes	Støvler
Camping	Camping
Carte	Kart
Climat	Klima
Dangers	Farer
Eau	Vann
Falaise	Klippe
Fatigué	Trøtt
Lourd	Tung
Météo	Vær
Montagne	Fjell
Nature	Natur
Orientation	Orientering
Parcs	Parker
Pierres	Steiner
Préparation	Forberedelse
Sauvage	Vill
Soleil	Sol
Sommet	Toppmøte

Remplir
For å Fylle

Baril	Fat
Bassin	Basseng
Boîte	Eske
Bouteille	Flaske
Caisse	Kasse
Carton	Kartong
Dossier	Mappe
Enveloppe	Konvolutt
Panier	Kurv
Paquet	Pakke
Plateau	Brett
Poche	Lomme
Pot	Krukke
Sac	Pose
Seau	Bøtte
Tiroir	Skuff
Tube	Rør
Valise	Koffert
Vase	Vase

Restaurant #1
Restaurant #1

Allergie	Allergi
Assiette	Tallerken
Bol	Bolle
Café	Kaffe
Caissier	Kasserer
Couteau	Kniv
Cuisine	Kjøkken
Dessert	Dessert
Épicé	Krydret
Ingrédients	Ingredienser
Menu	Meny
Nourriture	Mat
Pain	Brød
Poulet	Kylling
Réservation	Reservasjon
Sauce	Saus
Serveuse	Servitør
Serviette	Serviett
Viande	Kjøtt

Restaurant #2
Restaurant # 2

Boisson	Drikk
Chaise	Stol
Cuillère	Skje
Déjeuner	Lunsj
Délicieux	Deilig
Dîner	Middag
Eau	Vann
Épices	Krydder
Fourchette	Gaffel
Fruit	Frukt
Gâteau	Kake
Glace	Is
Légumes	Grønnsaker
Nouilles	Nudler
Oeuf	Egg
Poisson	Fisk
Salade	Salat
Sel	Salt
Serveur	Kelner
Soupe	Suppe

Science
Vitenskap

Atome	Atom
Chimique	Kjemisk
Climat	Klima
Données	Data
Expérience	Eksperiment
Évolution	Evolusjon
Fait	Faktum
Fossile	Fossilt
Gravité	Tyngdekraft
Hypothèse	Hypotese
Laboratoire	Laboratorium
Méthode	Metode
Minéraux	Mineraler
Molécules	Molekyler
Nature	Natur
Observation	Observasjon
Organisme	Organisme
Particules	Partikler
Physique	Fysikk
Scientifique	Forsker

Science-Fiction
Science Fiction

Atomique	Atom
Cinéma	Kino
Explosion	Eksplosjon
Extrême	Ekstrem
Fantastique	Fantastisk
Feu	Brann
Futuriste	Futuristisk
Galaxie	Galaxy
Illusion	Illusjon
Imaginaire	Innbilt
Livres	Bøker
Monde	Verden
Mystérieux	Mystisk
Oracle	Orakel
Planète	Planet
Réaliste	Realistisk
Robots	Roboter
Scénario	Scenario
Technologie	Teknologi
Utopie	Utopi

Sons
Lyder

Applaudir	Klapp
Bruyant	Støyende
Chuchoter	Hviske
Chœur	Kor
Cloche	Klokke
Concert	Konsert
Écho	Ekko
Fort	Høyt
Gémir	Stønn
Répétitif	Repeterende
Résonnant	Resonans
Rire	Latter
Sifflet	Fløyte
Sirènes	Sirener
Toux	Hoste
Vibration	Vibrasjon
Voix	Stemmer

Sports
Idrett

Arbitre	Dommer
Athlète	Atlet
Base-Ball	Baseball
Basket-Ball	Basketball
Championnat	Mesterskap
Entraîneur	Trener
Équipe	Team
Gagnant	Vinner
Golf	Golf
Gymnase	Gymnastikksal
Gymnastique	Gymnastikk
Hockey	Hockey
Jeu	Spill
Joueur	Spiller
Mouvement	Bevegelse
Stade	Stadion
Tennis	Tennis
Vélo	Sykkel

Surf
Surfing

Amusement	Moro
Athlète	Atlet
Champion	Mester
Débutant	Nybegynner
Estomac	Mage
Extrême	Ekstrem
Force	Styrke
Foules	Folkemengder
Météo	Vær
Mousse	Skum
Océan	Hav
Pagaie	Padle
Plage	Strand
Populaire	Populær
Récif	Rev
Style	Stil
Vague	Bølge
Vitesse	Hastighet

Technologie
Teknologi

Affichage	Vise
Blog	Blogg
Caméra	Kamera
Curseur	Markør
Données	Data
Écran	Skjerm
Fichier	Fil
Internet	Internett
Logiciel	Programvare
Message	Melding
Navigateur	Nettleser
Numérique	Digitalt
Octets	Byte
Ordinateur	Datamaskin
Police	Skrift
Recherche	Forskning
Sécurité	Sikkerhet
Statistiques	Statistikk
Virtuel	Virtuell
Virus	Virus

Temps
Tid

Année	År
Annuel	Årlig
Après	Etter
Avant	Før
Bientôt	Snart
Calendrier	Kalender
Décennie	Tiår
Futur	Fremtid
Heure	Time
Hier	I Går
Horloge	Klokke
Jour	Dag
Maintenant	Nå
Matin	Morgen
Midi	Middagstid
Minute	Minutt
Mois	Måned
Nuit	Natt
Semaine	Uke
Siècle	Århundre

Types de Cheveux
Hårtyper

Argent	Sølv
Blanc	Hvit
Blond	Blond
Boucles	Krøller
Brillant	Skinnende
Chauve	Skallet
Coloré	Farget
Court	Kort
Doux	Myk
Épais	Tykk
Frisé	Krøllet
Gris	Grå
Long	Lang
Marron	Brun
Mince	Tynn
Noir	Svart
Ondulé	Bølgete
Sain	Sunn
Sec	Tørr
Tressé	Flettet

Vacances #2
Ferie # 2

Aéroport	Flyplassen
Camping	Camping
Carte	Kart
Destination	Destinasjon
Étranger	Utlending
Hôtel	Hotell
Île	Øy
Loisir	Fritid
Mer	Hav
Passeport	Pass
Plage	Strand
Restaurant	Restaurant
Réservations	Reservasjoner
Taxi	Taxi
Tente	Telt
Train	Tog
Transport	Transport
Vacances	Ferie
Visa	Visum
Voyage	Reise

Vertus #1
Dyder # 1

Artistique	Kunstnerisk
Bon	God
Charmant	Sjarmerende
Curieux	Nysgjerrig
Décisif	Avgjørende
Drôle	Morsom
Efficace	Effektiv
Fiable	Pålitelig
Généreux	Sjenerøs
Imaginatif	Fantasifull
Indépendant	Uavhengig
Intelligent	Intelligent
Modeste	Beskjeden
Passionné	Lidenskapelig
Patient	Pasient
Pratique	Praktisk
Propre	Ren
Sage	Klok
Utile	Nyttig

Véhicules
Kjøretøy

Ambulance	Ambulanse
Avion	Fly
Bateau	Båt
Bus	Buss
Camion	Lastebil
Caravane	Campingvogn
Ferry	Ferje
Fusée	Rakett
Hélicoptère	Helikopter
Métro	T
Moteur	Motor
Pneus	Dekk
Radeau	Flåte
Scooter	Scooter
Sous-Marin	Undervannsbåt
Taxi	Taxi
Tracteur	Traktor
Train	Tog
Vélo	Sykkel
Voiture	Bil

Vêtements
Klær

Bracelet	Armbånd
Ceinture	Belte
Chapeau	Hatt
Chaussure	Sko
Chemise	Skjorte
Chemisier	Bluse
Collier	Halskjede
Foulard	Skjerf
Gants	Hansker
Jeans	Jeans
Jupe	Skjørt
Manteau	Frakk
Mode	Mote
Pantalon	Bukse
Pull	Genser
Pyjama	Pyjamas
Robe	Kjole
Sandales	Sandaler
Tablier	Forkle
Veste	Jakke

Ville
Byen

Aéroport	Flyplassen
Banque	Bank
Bibliothèque	Bibliotek
Boulangerie	Bakeri
Cinéma	Kino
Clinique	Klinikk
École	Skole
Galerie	Galleri
Hôtel	Hotell
Librairie	Bokhandel
Marché	Marked
Musée	Museum
Pharmacie	Apotek
Restaurant	Restaurant
Salon	Salong
Stade	Stadion
Supermarché	Supermarked
Théâtre	Teater
Université	Universitet
Zoo	Dyrehage

Félicitations

Vous avez réussi !

Nous espérons que vous avez apprécié ce livre autant que nous avons pris plaisir à le concevoir. Nous faisons de notre mieux pour créer des livres de la meilleure qualité possible.
Cette édition est conçue pour permettre un apprentissage intelligent et de qualité en se divertissant !

Vous avez aimé ce livre ?

Une Simple Demande

Nos livres existent grâce aux avis que vous publiez. Pourriez-vous nous aider en laissant un avis maintenant ?

Voici un lien rapide qui vous mènera à votre page d'évaluation de vos commandes :

BestBooksActivity.com/Avis50

CHALLENGE FINAL !

Défi n°1

Êtes-vous prêt pour votre jeu bonus ? Nous les utilisons tout le temps mais ils ne sont pas si faciles à trouver. Voici les **Synonymes** !

Notez 5 mots que vous avez trouvés dans les puzzles notés ci-dessous (n°21, n°36, n°76) et essayez de trouver 2 synonymes pour chaque mot.

Notez 5 Mots du **Puzzle 21**

Mots	Synonyme 1	Synonyme 2

Notez 5 Mots du **Puzzle 36**

Mots	Synonyme 1	Synonyme 2

Notez 5 Mots du **Puzzle 76**

Mots	Synonyme 1	Synonyme 2

Défi n°2

Maintenant que vous vous êtes échauffé, notez 5 mots que vous avez découverts dans les Puzzles n° 9, n° 17, n° 25 et essayez de trouver 2 antonymes pour chaque mot. Combien pouvez-vous en trouver en 20 minutes ?

Notez 5 Mots du **Puzzle 9**

Mots	Antonyme 1	Antonyme 2

Notez 5 Mots du **Puzzle 17**

Mots	Antonyme 1	Antonyme 2

Notez 5 Mots du **Puzzle 25**

Mots	Antonyme 1	Antonyme 2

Défi n°3

Formidable ! Ce défi final n'est rien pour vous.

Prêt pour le dernier défi ? Choisissez 10 mots que vous avez découverts parmi les différents puzzles et notez-les ci-dessous.

1.	6.
2.	7.
3.	8.
4.	9.
5.	10.

Maintenant, composez un texte en pensant à une personne, un animal ou un lieu que vous aimez !

Astuce: Vous pouvez utiliser la dernière page de ce livre comme brouillon !

Votre Composition :

CARNET DE NOTES :

À TRÈS BIENTÔT !

Toute l'équipe

DECOUVREZ DES JEUX GRATUITS

GO

↓

BESTACTIVITYBOOKS.COM/FREEGAMES